ほんとうのことば

戸島貴代志

人文社会科学ライブラリー第５巻

東北大学出版会

Breathing True
Kiyoshi TOSHIMA

Tohoku University Press, Sendai

ISBN978-4-86163-355-3

まえがき

「私たちの根底に、ずっと下の方に、教えることのできない**或るもの**が存する。精神的な**運命の花崗岩**、あらかじめ定められ選び出されている問いに対する、すでに定まった決断と解答の花崗岩が、存する。重要な問題に面しては、いつもこの変わることなき「それが自分だ」が語るのである。」

ニーチェ（一八四四―一九〇〇）の『善悪の彼岸』の一節です。私たちの存在の根底で私たちを支え、支えるがゆえに制約するこの「或るもの」は、問の対象はおろか、その答も、そして問うことそのものも制約しています。私たちにありとあらゆるものを学ばせ教える、したがってそれ自身は学ぶことも教えることもできないこの「或るもの」について、ニーチェはこうもいいます。

「たとえば男と女の問題について、思想家は学んで考えを変えるということはできない。彼はただ学び尽くすことができるだけである。その問題についてすでに**彼のもとに確立しているものを**、最後の最後まで発見し尽くすだけである。」

あらゆる主要な問題にあってすでに私たちのうちに「確立しているもの」、すなわち学ぶことも教えることもできないこの「運命の花崗岩」は、したがって私たちの「大いなる愚かさ」ともいわれます。この「花崗岩」はいわば二度ともとのマグマに戻ることはないからです。

一方、この〈マグマ〉にみなぎる力を、逆に私たちはつねにみずからの内に感じているということもできます。ニーチェに並ぶ「生の哲学者」、アンリ・ベルクソン（一八五九－一九四一）の『思想と動くもの』では次のようにいわれます。

「世界を満たしている物質と生命は同時に私たちのうちにある。**森羅万象のなかで働いている力**を私たちは自分のうちに感じている。そこに存在するもの、そしてそこで行われていることの、きわめて内的な本質がどのようなものであれ、私たちはその部分である。だから私たち自身の内部に降りてゆこう。」

ニーチェとは違って、あの〈マグマ〉への道を閉ざさないかにみえるこのベルクソンも、しかしこの言葉に続けてやはりこういいます。

「私たちが触れた点が深ければ深いほど、しかし**私たちを表面へと押し戻す力**は強くなる。」

森羅万象を成すものが私たちを成し、世界の一切の事物の中で働いている力は私たちのなかでも働いている。その力に触れるには、私たちは自分自身の根底へと「降りて」いくだけでよいのです。が、しかし「降りて」いけばいくほど、そのぶん私たちを「表面」へと押し戻す力も強くなります。個としての生存原理（つまり保存）そのものが、個を超えた己の根底（つまり創造的生）への降下・帰還を阻むのです。己の根底のマグマに触れようとしても、そこに行き着くまでにはあの固い「花崗岩」の岩盤に阻まれる、とニーチェならいうでしょう。ニュアンスは異なりますが、ベルクソンでもやはり創造という己の生の本質に触れるのはかくも困難なのです。

〈マグマ〉は、ベルクソンでは個々の命を超えた創造的生命そのもの、ニーチェでは人類の歴史を根底から突き動かす、歴史自身の秘める根本動向です。数千年をかけて準備された歴史の只中にあって、その歴史の成分でもある私たち一人一人が、こうして流れる〈歴史マグマ〉の只中で冷えて固まった「花崗岩」となる、これがニーチェのアイデアでした。創造的生つまり全体としての生の本質が私たちの個的生命の原質をも成すと考えるのがベルクソンなら、ニーチェは、全体としての歴史世界を成すものが私たち個々人の固い岩盤の**原物質**をも成していると考えるわけです。重要なのは、この**原質・原物質に触れる困難**をベルクソンもニーチェもその思想の原点に据えていることにあります。

＊

「俺」、「僕」、「わたくし」、「あなた」、「おまえ」、「きさま」、「かれ」、「やつら」等々、その場その場に応じて自他の呼称は変化します。家庭という場では親や子、学校という場では教師あるいは学生として、私たちはそのつど己の場のほうから己を限定しているからです。その際、一人の人間は幾重にも重なった複数の場に同時に立っており、その都度の具体的な関係の場はそのままこれを超え包むより大きな関係の場へと底が抜けています。親子という関係は親子以前の「人間と人間」という関係の場へと底が抜けており、その関係はさらにこれを超え包むより大きな場へと底が抜けているということです。ならば親子という関係には、「人間と人間」という関係のみならず、生き物と生き物、さらには一個の存在者と存在者という次第に広く大きくなる関係が、いわば縦方向に幾重にも重なるようにして畳み込まれているということにもなるでしょう。草木や雑草ばかりか道傍の石とでさえいわば人格的な出会いを果たせる場が、自身の足下すなわち日常の根底に開けているということです。

「運命の花崗岩」を打ち砕かんとする道程、つまり己の生の本質に触れんとする果てしなき道行は、親子が親子以前となる場への、つまり路傍の石とでさえ人格的出会いを果たせる場への道行でもあります。本書は、こうした道行にさまよった著者のこれまでの足跡を、主に言葉と身体の問題に重点を置いて編み直した論文集です。あるときにはこの「花崗岩」に翻弄され、あるときは「表面へと押し戻す力」に弾かれつつ、本書の主題はしかしそれでも一貫して己の根底を成すものへの帰還すなわち**自覚**にあります。

目次

まえがき …… i
初出一覧 …… vii
一章　言葉と自覚 …… 1
二章　言葉の出自 …… 33
二章補　回顧ということ …… 43
三章　言葉と時間 …… 51
四章　哄笑と嘲笑 …… 81
間奏　三章、四章を振り返って …… 115
五章　言葉と身体 …… 127
六章　まことの花 …… 163
六章補　圧縮、あるいは別の十把一絡げ …… 179
七章　沈黙の記述 …… 189
七章補　間尺に合わない知 …… 209
終章　長い時　あとがきにかえて …… 219

初出一覧（書下ろし以外のものはすべて大幅に書き改めた）

まえがき　書下ろし
一章　「ふるさとの音」、『地域再考 ― 復興の可能性を求めて』（東北大学大学院文学研究科出版企画委員会編）東北大学出版会、二〇一四年三月。
二章　書下ろし
二章補　書下ろし
三章　「活潑潑地」、『モラリア』18号、東北大学倫理学研究会、二〇一一年一〇月。
四章　「続・活潑潑地」、『モラリア』19号、東北大学倫理学研究会、二〇一二年一〇月。
間奏　書下ろし
五章　「言葉と身体」、『モラリア』20・21合併号、東北大学倫理学研究会、二〇一四年一一月。
六章　「オネスティー ― ベルクソンと世阿弥 ―」、『モラリア』16号、東北大学倫理学研究会、二〇〇九年十月。
六章補　書下ろし
七章　「沈黙の記述」、『モラリア』23号、東北大学倫理学研究会、二〇一六年一〇月。
七章補　書下ろし

終章

「長い時・短い時」、『創文』504号、創文社、二〇〇七年一二月。

一章　言葉と自覚

はじめに

「ハルモニアー」という言葉をご存知でしょうか。古代ギリシアの哲人たち（ピタゴラスやヘラクレイトスやプラトンたち）の用いた言葉です。ハーモニーの語源でもあるこの言葉は、とくにピタゴラスにおいては一種の音楽の概念（音階や和音）とともに用いられたことはよく知られています。宇宙（コスモス）の本質をなす数的秩序（コスモス）はその宇宙の奏でる音の「ハルモニアー」となって現れるということです。興味深いのは、この音は人が生まれてこのかたずっと鳴り響いており、そのゆえに普通の人には聞こえない、とピタゴラスが考えたことにあります。お母さんのお腹の中にいる赤ちゃんは、はじめから子宮内の音をずっと聞き続けており、そのゆえに胎児にこの音はことさらそれとしては聞こえない。同様に、宇宙という子宮にいる私たちにも、私たちを満たすこの宇宙の音はそれとしては聞こえないというわけです。

生まれてこのかたずっと聞き続けている音は、まさにずっと聞き続けているゆえにことさらそれとしては聞こえない　—　おもえばこうした考えはさほど奇妙なものではないのかもしれません。生まれてこのかたずっと呼吸している空気、生まれてこのかたずっと飲み続けている水、ふつうこうしたものに特別な味や香りがないのも同じことかもしれないからです。生まれてこのかたずっと見続けている風景、つまり見慣れた風景は、たとえば観光客にとってそれがどれほど風光明媚でも、そこに暮らす者にとっては特別なものではないのが通例でしょう。嗅ぎ慣れた匂いはもはや匂いとしては気付かれないように、見慣れたものは目を引きません。それどころか、ひょっとすると私たちは、毎日見続けている風景のそのほとんどを、実は見ているようで見ていない、あるいは見過してしまっているのかもしれないということです。

この考えをもう少し敷衍してみましょう。生まれてこのかたずっと自分を規定しているもの、生まれてこのかたずっと自分を支え続けているもの、つまりは自分を満たし自分を自分ならしめている自分自身の本質も、自分を満たす宇宙の音や秩序と同様に、あるいはときにはそれ以上に、自分にとってはそれとして知ることのできないものなのかもしれません。眼は眼を見ない（＝見る働きは見る働き自身を見ることができない）といわれるように、自分がそれによって自分となっている、自分の秩序や習慣そのものは、それが何かといくら考えても、そう考える思考自身がまたこの秩序・習慣に従っているかぎり、当の思考にとっては原理的に謎のままという次第です。

しかし本当にそうでしょうか。自分を規定し自分を満たしている秩序や習慣ひいては自分の本質は、当の自分には永遠にわからないのでしょうか。あのピタゴラスの場合を考えてみても、むしろその自分の本質を見極めんとし、自分の住む世界の本質を見極めんとしたからこそその「宇宙音」だったのではなかったでしょうか。頭の先から爪の先まで徹頭徹尾己を貫いている己の秩序もしくは慣れ親しんだ世界の秩序そのものを、なおも当の己自身は理解できる、このことを、ピタゴラスはむしろ身をもって示したのではなかったかということです。事実、この音すなわち聞こえぬ音を、それでも聞く努力を、つまりは慣れ親しんだ自己や世界の本質の**自覚**という難事を、古来、哲学や宗教の名の下に先人たちは幾度となく試みてきたように思います。

二〇一一年三月、東北地方の太平洋岸を中心に、美しい風景は失われ、ふるさとの大地は一変しました。失われたからこそでしょうか、あたかも、それまで鳴り響いていたふるさとの音が、したがってそれとしては聞こえなかった大地の声が、この時以来今度はそれとして人々の心に鳴り響き始めたかのようです。あるいは、いまはなきあの風景が、この時以来唯一無二の風景として、人々の心に輝き始めたかのようです。だとするならば、千年に一度の災禍に見舞われた多くの人たちに、いまやその甚大なる喪失のゆえにこそ或る種の〈自覚〉の端緒が生まれつつある、と一見いってもよさそうです。もっとも、失われてはじめてふるさとの風景が見え始め、失われてはじめてふるさとの音が聞こえてくる、こうした経験ならばなにも件の震災に限ったことではないでしょう。むしろその種の経験なら日々いたるところで生じています。ならば私たちはしょっちゅう〈自覚〉しているということになるのでしょうか。

私がここに紹介したい**自覚**はそうした経験とは少し異なるものです。己はいかなる世界に住んでいるのか、そしてその己とはそもそも何者であるのか、さしあたりはこれが私のいう自覚の端緒です。〈失われてはじめて〉という仕方での〈自覚〉、すなわち己はかつていかなる世界に住んでいたのかという〈自覚〉ではなく、そもそも己は目下いかなる世界に住んでいるのかという自覚です。過去形ではなく現在形で書く理由は、真の自覚が、現にいまも私たちを貫き支配しているものの自覚であるからであり、それとともに、現にいまも私たちを覆い尽くしている人間の独自な在り方を克服することから始まる自覚でもあるからです。その在り方こそが己の習慣や世界の秩序へのあの慣れ親しみ、つまりは自己や世界の本質の理解を阻んでいる慣れ親しみ、ようするに自分に都合の良いものしか見ない人間の日常的な在り方です。

これまで自分がいかに多くのことを見過してきたのかということはとうぜん〈自覚〉されねばなりません。しかしそれと同時に、いやむしろそれ以上に自覚されるべきは、いまもって自分がいかに多くのことを見過していているのかということです。裏を返せば、目下の自分とは何者であり自分がいま本当はいかなる世界に住んでいるのかということです。慣れ親しんだ自己・世界の本質の理解には、まずはその慣れ親しみの陥穽に気づくことが、すなわち自分の都合で多くを見過す目下の己の在り方に気づくことが欠かせません。自己を自覚するには、昔もいまも都合の良いものしか見ない人間の日常的な在り方つまり〈慣れ親しむこと〉がまずもって吟味されねばならないわけです。

見慣れた風景は、観光客にとってそれがどれほど風光明媚でも、そこに暮らす者にとっては特別な存在ではない、とさきに述べました。ただ、毎日見ている風景を、したがって見慣れたはずの風景を、見慣れてなお見飽きることなく、日々そこに新たな発見をする人なら珍しくはありません。むしろ見慣れているからこそ、つい見過しがちな日常の風景の、その些細な異変にもかえっていち早く気づくことさえあるでしょう。しかしあの「宇宙の音」となるとそうはいかないことがわかります。

元来が聞こえぬその音を聞く、しかもかつて聞いていたとしてではなく、現にいま鳴っているはずのその音を聞くとなると、さきにも触れたように或る原理的な困難を伴うことになるからです。同様に、私たちに深く浸透している右の在り方　―　自分に都合の良いものしか見ない〈慣れ親しみ〉　―　も、それが根深ければ根深いほど、これを理解するには同じ困難を伴うはずです。「まえがき」でも紹介しましたが、この困難を、ニーチェは「運命の花崗岩」と呼び、ベルクソンは「表面へと押し戻す力」と呼んだのでした。

以下では、ピタゴラスの「宇宙音」のように、原理的な次元で己を貫き己を満たす己の本質を　―　失われて初めて、という仕方ではなく　―　むしろその最中で理解するということについて、「言葉と自覚」という観点から考えてみましょう。出発点のキーワードは「見慣れる」や「嗅ぎ慣れる」等の「慣れ」という言葉です。

一

（い）「是非初心不可忘」　―　修業を始めたころの「初心忘るべからず」

（ろ）「時々初心不可忘」　―　修業の各段階における「初心忘るべからず」

（は）「老後初心不可忘」　―　老境に入ってもなお「初心忘るべからず」（注一）

室町初期の能楽者、世阿弥のよく知られた言葉です。芸道の出発点における（い）の「初心」を忘れぬことにより、事の初めにおけるそもそもの未熟さが想起されます。芸道の節目における（ろ）の「初心」を忘れぬとは、段階ごとに己を原点に差し戻す覚悟ができているということです。そして（は）における、芸道の終局においてなお初心を忘れぬ心には、芸に行き止まりがないまま一生を終える心得ができています。翻って、（い）の「初心」を忘れると当の「初心」（＝未熟さ）に戻ってしまい、（ろ）の「初心」を忘れると段階ごとにいわば振り出しに戻る、つまり同じ過ちを何度も繰り返すことになります。そして（は）の「初心」を忘れると、本人の代を貫く「初心」、すなわち己の成し遂げた技や術をまるごと脱ぎ捨てる一世一代の「初心」が子孫や弟子に伝わりません。

芸の上達におけるこれら三つの階梯のいずれもが、そのつどの己の芸を常に低いと捉えることのできる己自身の在り方を、すなわちそれとしては眼に見えぬ己の〈高さ〉を示しています。さらにここには己の芸を常にまことの芸へとは至っていないと捉えることのできる真の〈まこと〉も示されています。ここにいう〈まこと〉や〈高さ〉は、芸道の出発点から終着点に至るまで終始己の芸を落とさずに居続ける努力の高さ、あるいはその努力の源としてのまこと、つまりは向上心のことでしょう。またこの向上心は、およそ芸事に限らず、人としての己の現在そのものをも低いと捉えることの出来る己の存在そのものの高さやまことの源ともいえるでしょう。ただしこうした向上心は、上述した通り、眼に見えぬどこかつかみ所のないものでありながら、それでも或る確かな力を持っており、その意味では一般のそれとは若干違った ― ことによればただ事ならぬ ― 向上心なのかもしれません。

ここで、世阿弥のいう「初心」は、初めに思い立った心すなわち「発心」の意よりも、物事に「ナレナイ」(「慣れない」、「馴れない」「狎れない」「熟れない」等)当初の未熟さという色彩をむしろ色濃く持つものであることを強調しておきたいと思います。いいかえるなら、この意味での「初心」を忘れずにいる右の向上心は、いわば慣れてなお狎れることなき向上心でもあるということです。さらにこの〈何にもナレナイ向上心〉、すなわち「初心」を忘れぬさきの高さやまことは、事の発端としての過去的な性格(＝かつてあった、という性格)よりも、いついかなるときも隠れて働く現在的な性格(＝いまもつねにすでに、という性格)を強く持っています。この現在的性格の特徴が、高さやまことにおける「眼に見えぬつかみ所のなさ」という形で現れているのです。またこの特徴は、はじめに触れたあの自覚の現在性 ― 己は何者であったか、ではなく、己は何者であるのか、という現在性 ― にも繋がっています。すでにこの向上心を「ただ事ならぬ」と表現しましたが、それもこれも、己の本質を己自身が理解することの、そして己の現在をその只中で理解することの、あの原理的な困難と深く関わっています。

さて、「ナレナイ」とは、「慣れない」「馴れない」「狎れない」ことであるとともに、「未熟さ」すなわち「熟《な》れない」ことでもありました。ならば芸の上達に一般的に伴う「成熟」の観念にも若干注意が必要となってくることがわかります。ふつう、老練な芸の達人はこの「成熟」のイメージを容易に思い起こさせますが、世阿弥の言葉にはこの一般通念としての「成熟」という在り方への戒めも含まれることになるからです。芸道に限らず、年を重ねるごとに人として成熟し熟成するという、通常の加齢のイメージに潜む「熟す」すなわち「ナレル」という在り方、さらには「成る」（あるいは「生る」）すなわち実を結び完成する「ナル」という在り方にも、ともに同様の事情が潜んでいます。たとえば熟練工の「ナレ」にしても、それじしん価値あるものである一方で、ときに独自な戒めも要する多面的なものでもあるわけです。

二

かつてヨーロッパでペストが大流行したとき、人々は、日々数十人、数百人と亡くなってゆく現実に、蒼ざめるどころかむしろ次第に慣れていったといいます。目下の「コロナ」もそうですが、死者の累積数が知らされないからか（実際人々は知ろうとしなかったらしいのですが）、毎日のように大量に人が死んでいく風景が、まさに毎日続くがゆえに日常化してゆくわけです。フランスの小説家カミュが小説『ペスト』（一九四七）で描いたのも、自然の無慈悲に翻弄される人々の哀れというよりも、むしろ死臭の漂う街中を平気でオペラに通う人々の異様な無感覚でした。

人は絶望にさえも——いや絶望であるからこそ——慣れるのかもしれません。かくも異様な風景は、それが異様であればあるほど、かくも当たり前の風景となってゆくのです。裏を返すなら、何かが当たり前つまり自明であるとは、かえってその自明性の度合いに比例して、かくもそのことがかつては自明ではなかったことを教えており（過去的）、そしていまもってそのことが依然として自明ではないことを教えている（現在的）のかもしれないということです。何かを当たり前として遣り過ごすのは、考えてもわからぬものつまり不可思議や不条理に対する、それが最も簡便な処理法だからだといってもよいでしょう。

　カミュだけではありません。やはりペスト大流行の惨禍の中、「今日でなければ明日であろうと、自分で掘った墓穴に淡々と入る」土地の百姓の姿を、カミュに先立つこと数百年、フランスの思想家モンテーニュが『エセー』（一五八〇―一五八八）で描いています。「自分で自分に土を被せる」百姓の、そのあまりに無防備で無頓着な死に様、ある意味では自然な死に様に唖然として以来、みずからのいわゆる「メメント・モリ」（死を忘れるな）というストイックな立場から、むしろその逆の「死は何ほどのものでもない」という一種のオプティミズム（楽観論）へと彼が転身したことはよく知られています。その『エセー』のなかで、領主でもあった彼の描く田園の風景の異様さは、身構えることなく死を平然と迎える百姓たちのいわば度外れた潔さのもたらす異様さでありながら、他方では――おそらくはモンテーニュ自身の意に反して――その百姓にとって死が「何でもなくなってゆく」異様さ、その意味では一種の慣れ・馴れ・狎れからくるあの無感覚の席巻する異様さでもあったにちがいありません。

　かりに慣れる・馴れる・狎れる・熟れることがこうした無感覚を伴うとするならば、慣れず・馴れず・狎れず・熟れずにいるは、目の前の現実から目を背けずにいるための、そしてそれを跨ぎ越さずにいるための、いわば愚直な感受性が必須となるでしょう。だれもが恐れる死を前にして、これを歯牙にもかけぬ聖者然とした姿も崇高なら、日々の日常の一々に立ち眩む小胆もまた高貴なのだということです。ある意味では臆病とさえいい得る後者の姿勢、すなわち足下の現実を踏み越さず、そこで出会うもののひとつひとつにまともに向き合うこと、それらを己の都合でいわば十把一絡げにしないこと、つまりはあの自明なる物事の裏側の非自明性を遣り過ごさないこと、カミュはこれを「誠実（オネトテ）」と呼びました。

見るもの聞くもの触れるものすべてに不慣れで、いつまでたってもそれらに馴染まず、そのゆえにかえってそれらのすべてに心を奪われるような未熟をこの「誠実」は持ちあわせています。誰もが見過し遣り過す些細なことを遣り過さない（あるいは遣り過せない）この「誠実」は、己の直面している己の現実つまりは己の現在のひとつひとつにむしろ釘付けにされ、いわばそれに染め抜かれる未熟でもあるわけです。ならばそれはそのままあの向上心と、すなわちいついかなるときにも己の現状にナレ（慣れ、馴れ、狎れ、熟れ）ることなき世阿弥の「初心不可忘」の心とも重なっています。〈己の世界の何にもナレない誠実〉と、当の〈己自身にナレてしまわない向上心〉。これらはいわばいかなる成果もナレ（成れ）の果てとみなせる力です。またそれは、出来上がろうとするたびに己を元の未熟へと連れ戻し、そのつど自分を自分の原点から造りかえることのできるしなやかさともいえるでしょう。もちろんそのしなやかさはナレからくるしなやかさすなわち熟練や日常的習慣のしなやかさではありません。むしろ熟練や習慣のしなやかさをも一種の硬直とみなせる上位のしなやかさ、日常の自明さに埋没しないしなやかさです。忘れてならないのは、この力やしなやかさが、私のいう自覚に資するものであるかぎり、かつてあったがいまはない過去のものではなく、現在において常に眼に見えぬ仕方で働き続けている力でもなければならないという点です。

この意味での向上心と誠実は、己を己のはじめへと差し戻す力であるとともに、己と己の生きる世界とをそれとしては出来上がらせない力、出来上がらせない仕方でそれらを陳腐なものにしてしまわぬ力です。これら向上心や誠実は自己や世界に一定の形をとらせないしなやかさであるといってもよいでしょう。あたかも万能細胞へと個別細胞を初期化するごとく、こうした力やしなやかさは、己をそのつど己自身の純粋な可能性へと差し戻し、世界に無限の可能性を見出してゆくパワーです。ならばいま、こうした誠実や向上心を、自分をいつまでたっても始めさせない力にして、世界をいつまでたっても終わらせない力、すなわち己や世界の大本である純粋な可能性に己も世界も留めおくしなやかさのことだとしてみましょう。このしなやかさを失くしたとき、価値ある熟練工のあの「ナレ」も、硬直のもととなる危険な「ナレ」へと転化するわけです。

「初心不可忘」の第三段階（は）の段階）を思い出してください。達人といういわば芸道の最終の境地をも低いと見ることのできる高さ、すなわち人生のすべてを費やした成果をさえ成れの果てでしかないと見なせる向上心は、己の達成した技や術を次世代に伝えんとする心ではなく、むしろこれら技や術を脱ぎ捨てる心そのものがおのずと次世代へと伝わる向上心でした。それはいうならば己を終わらせる仕方で己を終わらせない心です。そしてもともとこれは（い）の「初心不可忘」つまり己を当初の未熟さへと差し戻す向上心あってのものでした。さらにそれは（ろ）の「初心不可忘」、つまり人生のどの段階でも働き続けているものでもなければならないのでした。いまやこうした三相を持つ向上心は世界の何にもナレない「誠実」と同根です。何にもナレないがゆえに何にでもナレる純粋な可能性、それは本質的に途上的でありつづける自分の力、あるいはどこまでも自分自身を作り替えていくしなやかさです。

三

意識するしないにかかわらず私たちはつねに何らかの生の基本原理に則って生きています。一般に「生の哲学者」といわれる人たちは、こうした原理（ひいてはあの自己の本質）をまるごと掴み取ろうと試みました。「まえがき」でも触れたその一人、ベルクソンは、これを或る種の「効率性」から規定し、同じく生の哲学者ニーチェは、これを、そのつどの主体の利害や用不用によって世界が拡大・縮小させられるという独自な「遠近法」の概念で説明しています。彼らによるなら、平生の世界からしてすでに、そしてこの世界を生きる自己からしてすでに、全体から部分を切り取って計算する「効率化」と、己の関心に基づいて世界を価値付ける「遠近法」とによって、一部が増幅・拡大され一部が縮小・無視された、いわばデフォルメされた世界・自己だということになります。好むと好まざるとにかかわらず、ことのはじめからしてすでに、やはり私たちはみなつねに都合の悪いものは遣り過すようにできているようです。

こうした視点からするならば、いつの間にか身に付いたあの〈ナレ〉を理解するには、彼らのいう「効率化」や「遠近法」によって限定される前の世界や自己へと、つまりはデフォルメ以前の世界や自己へと、努力して歩み戻ることが必要になりそうです。この歩み戻りは、己の現実に身を開き、出会うもののひとつひとつにまともに向き合うこと、それらを己の都合で十把一絡げにしないこと、と前に〈世界の何にもナレナイ誠実〉に関して述べたことと事柄においては同じです。またこの一種の覚醒の試みは、出来上がろうとするたびにその自分を出発点へと連れ戻し、そこから理解し直す試み、すなわち自己を自己の大本からやり直し、自己を自己の存在基盤から作り替える試みでもあり、この点では〈己にナレることなき向上心〉と同じといってよいでしょう。

この〈自己とその存在基盤〉のイメージを、ニーチェは「私たちは一本の樹木についた芽である」と表現し、それに続けてこういいます。「当の樹木の関心において私たちがどうなるものやら、私たちが何を知ろう！」(注二)、と。「芽」の存在基盤であるこの「樹木」も、ある意味では「芽」には知りえない「芽」自身の本質でしょう。ならば、かく言うニーチェ自身は、己を「芽」だと、すなわち「樹木についた芽」だと、いったいどこから知り得たのでしょうか。さらに私たちの与り知らない「樹木の関心」を、与り知らないと言うニーチェ自身、知っているのでしょうか、それとも知らないのでしょうか。これが目下の問題なのでした。すなわち、己の本質を己は理解できるのか、それとしては聞こえぬ「宇宙の音」を聞くとはいかなることなのか、と。

デフォルメ以前の自己・世界に戻りつつ、自己をその存在基盤からやり直し作り替える試みは、ニーチェの言葉を借りるなら、「芽」から「樹木」を規定せず、逆に「樹木」のほうから「芽」を規定する試み、ととりあえずいえそうです。「芽」という自分の小さな生存原理で「樹木」という大きな宇宙を束ねてしまわない力、すなわち自分の都合でみずからの広大な可能性を十把一絡げにしないしなやかさ、このようにあらためてこれまでの「向上心」や「誠実」の観念を規定し直せるということです。いま肝心なことは、この場合「芽」は自分自身の何であるのかを、すなわち「樹木についた芽」であることを、わかっている、ということです。当然ながらこの場合の「わかっている」ということの中身が問題です。次節以降ではあらためてこれについて考えてみましょう。

ちなみに、こうして己を超えた己自身の存在基盤から自己を理解するためにニーチェ自身の提唱する基本姿勢があります。「ナレナイこと」としてこれまで述べてきたことと部分的に重なりますが、次節に移る前にその要点のみを以下に段階的に列挙しておきましょう（注三）。

・最も身近な最も些細なことから出発し、自分がそのうちへと産み落とされ育て上げられてきたすべての依存性を確認せよ。
・自分の思考や感情の慣れたリズムを把握せよ。
・習慣を破るべく、あらゆるたぐいの変化を試みよ。
・自分の反対者たちに一度は精神的に寄りかかってみよ。

・その反対者たちの食物を食べ、あらゆる意味において旅をしてみよ。
・これらができたら、なんらかの理想を構想してみよ。
・そしてその理想を生きよ。

四

日常である、すなわちしかじかのことがいつも通りに当たり前であるとは、かえってその〈当たり前〉の度合いに比例して、かくもそのことが当たり前ではなかったことを教えているのでした。そしてそれ以上にその〈当たり前〉は、当たり前とされているそのことがいまもって依然として当たり前ではないことをこそむしろ教えているのでした。ペスト惨禍のなか、あの「ナレ（慣れ、馴れ、狎れ、熟れ）」のゆえに、目の前にころがっている死体を平気で跨ぎ越してオペラに通うのなら、たとえば通い慣れた通勤路や通学路でも、私たちは〈平気で死体を跨ぎ越している〉のかもしれないということです。

史上稀に見る惨禍を例に引かずとも、どこにでもある日常においてすでにあの「ナレ」は、我々の視野・視線に隅から隅まで浸透し、これを徹頭徹尾支配しています。悲惨きわまる非日常ならずとも、見聞きされることが当り前とされ存在していることが当たり前とされる日常の事物・事象そのものが、まさにそのゆえにかくも見過ごされ遣り過ごされ飛び越され、かくも忘却された〈ナレの果て〉なのでした。こうした忘却を告発し、自明性を裏返し、日常性を停止させ、慣れ親しんだ都合のよさを粉砕するのが、自己と世界のデフォルメを突き破るあの「向上心」や「誠実」の力なのだと私は述べました。その意味ではこれら向上心や誠実は或る種の馴染みなさや居心地の悪さの只中に身を置き続けることとセットになっているといってもよいでしょう。その場合、馴染みなさや居心地の悪さは、向上心や誠実の主体性あってのそれでありながら、むしろ個人の主体的意志を超えたところもしくは個人の意志の手前でその個人を圧倒し、一切の計算の埒外で個人を襲うものともなるはずです。すでに私はこうした出来事と一対となった「誠実」を、己の現在にそのつど染め抜かれ、それに釘付けにされる未熟、と表現しました。出会うもののひとつひとつを十把一絡げにしない誠実は、むしろ十把一絡げにできない誠実でもあるのです。

ある水俣病患者との出会いを契機に『苦海浄土』を書いた石牟礼道子は、それ以降のみずからの生活の一切を「出会ってしまった責任」と表現しています。発端は、たまたま通りすがりに病院の廊下から見た一人の水俣病患者の姿だったといいます。十七歳のその青年は冷たい病室の床に「転がされていた」そうです。その姿に目を奪われ、一撃をくらったかのようにその場に釘付けにされて以来、その後の生涯を水俣病患者の声を代弁することに捧げた石牟礼の存在は、理不尽な病に苦しみ抜いた患者たちにとっての一条の光となりました。苦悩する患者たちの命を前にして、それまでの慣れ親しんだ居心地のよい世界から放り出されたかのように、彼女はそのままその命に染め抜かれたのです。この石牟礼の存在は、「ミナマタ」に苦しむ人々にとってはもちろん、「ミナマタ」を生んだ社会にもかけがえのない一縷の希望となりました。

一瞬目を奪われはしても、次の瞬間おそらくはだれもが遣り過す、その〈遣り過してはならぬもの〉を、石牟礼は遣り過しませんでした。遣り過さず、いや遣り過せず、むしろそれに襲われ染め抜かれ、そのかぎりで彼女の「誠実」は一種の狂狷（＝かたくなにして一途であること）ともなったのだと思います。そのかたくなさは、しかしながら自分を作り替えるあのしなやかさあってのかたくなさでもあることが忘れられてはなりません。この誠実にして狂狷では、なんでもない偶然の出会いが絶対的なものとなります。絶対的となった偶然は運命といってよいでしょう。運命が出会いをもたらすのではなく、出会いを遣り過ごさぬ誠実・狂狷が己の運命を生み出すのです。

このような特殊な個人の事例だけではありません。少し視点を変え、たとえば本居宣長が主著『玉の小櫛』に謳う日本古来の精神性の典型としての、いわゆる「もののあはれ」に関しても少し似た事情が現れます。「もののあはれ」を知る「こころ」とは、感ずべきことにあたって感ずべきことを感ずる「こころ」です。感ずべきものを遣り過ごさず、感ずべきものをそのまま感ずる心、すなわち遮るものなきまっすぐな心です。そうであってみれば、世阿弥（室町時代）からさらに数百年以上遡る日本上代（奈良時代）のそうした心性にも、私たちのいう意味での誠実という特徴をその根本において認めることができるのではないでしょうか。となればさらに、現代の私たちの心そのものも、ひいては私たちのだれでもが、あの石牟礼のような誠実と、そのゆえの狂狷とに与る可能性をもともと秘めているということにもなるのではないでしょうか。

しかしそうであるならなおのこと、だれもが経験できるはずのこれら狂狷や誠実を、それにもかかわらずだれもが経験するわけではない、この事実がかえって際立ってくるようにも思えます。あとで述べますが、かの震災（東日本大震災、二〇一一年三月一一日）から十年余、正直、前ほどの痛みを感じなくなったのは私だけではないようにも思います。千年に一度のカタストロフにさえ慣れてゆくこの人間の「ナレ」の姿は、逆にその日常を奪われた人々の苦しみの深さをそれだけ強く照らし出しているともいえるでしょう。そしてなによりこの「ナレ」は、向上心や誠実そして狂狷が、だれもが経験できるものでありながら、同時に極めて稀なものでもあるということをも如実に物語っているとはいえないでしょうか。

　ともあれ、これら誠実や向上心や狂狷を実践する主体はどうやら普通の主体ではなさそうです。おもえば、遣り過ごすべきでないものを遣り過ごさない誠実と、釘付けとなってそれに染め抜かれる誠実すなわち狂狷とによって、むしろ石牟礼はそのときはじめて〈石牟礼道子〉となったといってもよいほどです。しかるべき経験や行為によってはじめて個人が一個人として成立するのであって、逆ではない、ということです。運命が出会いをもたらすのではなく、出会いを遣り過ごさぬ誠実が運命を生む、と右に述べました。ここでは、個人があって経験があるのではなく、経験がはじめて個人を本当の個人たらしめます。総じて、己を無限定へと差し戻し続ける自分自身のしなやかさにして、己の現在において常に眼に見えぬ仕方で働き続けている自分自身の力という、これまで述べた特徴に加え、個人をはじめて個人ならしめる特殊な経験、および、己を超えた己以前の次元にして己自身の土壌という新たな特徴を、目下の誠実と向上心とにあらためて付け加えたいと思います。

次節からは、この意味での誠実や向上心に立って、もう一度本論冒頭での問いに戻りましょう。すなわち、少なからぬ人たちは、むしろあの災禍以前にも、失われることなきふるさとの、まさにそのただ中で、その音つまり聞こえぬはずの音を聞いていたのではなかったか、すなわち、「芽」は「芽」のままで「樹木についた芽」であることを知ることができるのではないか、との問いに。そしてその上であらためてその「知る」の中身について考えてみましょう。

五

結論からいいましょう。それとしては聞こえぬはずの音を、まさにそれとして聞いている、この少なからぬ人々の特徴は、その人の情緒に、そしてその人の行動と顔つきとに、さらにはその言葉に、もうすでに、そしてつねに現れています。「芽」が「樹木の芽」であるのなら、どういう「樹木」であるのかはどういう「芽」であるのかに現れます。同様に、人が大地つまり己の存在基盤に根ざした人であるのなら、それがどういう大地（存在基盤）であるのかはそれに根ざす人の在り方そのものに現れる。そしてその在り方はその人の情緒と行動そしてその顔つきと言葉に見て取れます。いわば「芽」が「樹木」をそのまま表現しているわけです。「芽」は「芽」のままで「樹木の芽」であること知ることができるということです。肝要なのは、その「知る」が、その人自身の存在によってつねにすでに体現されていることをいう点にあります。宇宙の音や大地の声はそれとしては聞こえない――いまやその理由がはっきりします。大地の声がそれとして聞こえないのは、その人自身がこの声そのものだからです。

さきに宣長を例に日本上代（奈良時代）の精神性に言及しました。同じく上代から今に至るものに雅楽があります。笙や篳篥の奏でる音がときに宇宙のそれを思わせるこの古代音楽は、唐楽（とうがく）や高麗楽（こまがく）などの伝来音楽と日本古来の祭祀用歌舞とが融合したもので、現存する世界最古の現役音楽といわれています。この雅楽が、洋の東西のみならず時代の新旧をも超えた古さそのもののゆえにむしろ常に新しいとはよくいわれることです。いまあのナレナイでいる在り方を支える力――誠実や向上心――の源である己の存在基盤も、自己に先立つものとしてなら或る種の〈古さ〉といってよいでしょう。もっとも、雅楽の誕生は現代に**時間的に先立ち**ますが、雅楽の本質は現在も生きて働いているという意味ではいわば目下の雅楽に**構造的に先立って**いるといえるでしょう。前者の時間的な古さは現在から振り返って水平方向に顧みられた古さですが、後者は現在を垂直方向に掘り下げたところに現れる古さです。同様に、自分の誕生は自己の現在に時間的に先立ちますが、自分の存在基盤としての自己の本質は自己の現在を構造的に支えるものとしていまもつねに働いています。自己に先立ちながら自己の現在とともにある、この己の存在基盤にして己の本質の〈構造的以前としての古さ〉に立ち返る者を、私は、「初心」を忘れず己を己の大本からやり直す者、と表現しました。雅楽の音色が常に新鮮であるように、そしてあの初期化された細胞つまり万能細胞が陰に陽に原初における生命の根源的可能性を示唆するように、こうして「初心」という〈己の構造的な古さ〉へと立ち返る者も常に初々しく新しい者、そして己自身の根源的可能性に立ち返った者のはずです。

大地つまりふるさとは、個人に時間的に先立ちつつ、個人をつねに満たし支えるという意味でなら構造的に個人に先立つものでもあります。すなわち、大地は、己の存在根拠、己の本質、そして己の秩序と同種の〈構造的以前としての古さ〉を持っています。この〈古きもの〉たるふるさとのまさにそのただ中で、その音つまり聞こえぬはずの音を聞いている人とは、したがってまずはその古きものがその人の存在（の現在）に現れている人、あるいはこの古きものを己の存在で演じ奏でている者です。さきにはこれを、大地の声がそれとして聞こえないのはその人自身がこの声そのものだからと述べました。さらにいま、そうして現れているこの〈古きもの〉は、それが構造的以前としての古きものであるかぎり、これを己の存在で奏でる者の初々しさや新しさとして現れていると考えてみましょう。

己の存在基盤たる古きものを己の存在で奏でる人つまり初々しく新しい人は、しかし多くのばあい稀な人でしょう。稀な人すなわち「マレビト」とは「まろうど（客人）」のことです。あの石牟礼道子もそうだったように、初々しきもの新しきものはときに共同体内でのストレンジャーもしくはアウトサイダーの見かけをとるということです。しかしその稀なる者、初々しく新しいこの者が己の存在を賭して奏でる音色は、むしろその新しさのゆえにかえってずっと昔からその地を満たしている

〈古きもの〉の音色でもあるはずです。大切なのは、この〈古きもの〉が、反省や回顧の対象ではなく、これがそのまま人の存在において現れている、その人の構造的以前つまり本質、有り体に言えばその人の人となりをとおして垣間見えるその人自身の土壌（＝根源的可能性）だということにあります。こうした土壌、すなわち個人を超えたその人自身の可能性は、まずはその人の情緒に、そしてその行動と顔つきに、さらにはその言葉に見て取れる、と私は述べました。

古さそのもののゆえに常に新しいその情緒は出会ったことのない情緒です。それは新鮮でありながら、もとよりその古さのゆえにどこか懐かしい情緒です。呼吸を楽にさせ息を吹き返させる情緒、あるいはこれに出会った者をして己自身へと立ち返らせる情緒といってもよいでしょう。そしてその情緒に導かれている行動は、斬新な行動つまりは突出した行動でありながら、人を落ち着かせるおおらかな行動、人をして己自身の行為へと覚醒させる懐かしい行動です。またこの者の顔つきは、同じく右の情緒の滲み出た、古さそのもののゆえに常に新しい顔つきとなるでしょう。最も個性的な顔、見たことのない顔、だからこそ古き顔、すなわち懐かしい顔だということです。最後にその言葉は、はじめて聞いた言葉でありながら、ずっと昔から自分もそう思っていた、あるいは使い古された言葉なのに、生まれてはじめて聞いたかのような言葉です。おもえばこれら情緒、行動、顔、言葉を貫流するしなやかさ、それはとりもなおさず生命そのもの——最も古きものであるがゆえに最も新鮮なもの——の根本的な特徴だとはいえないでしょうか。

己の現在を引き受け己の直面するものから目を背けないとき、すなわち遣り過ごしてはならぬものを遣り過ごさないとき、その人の顔つき（face）にその人の直面している（face）ものは現れます。それはその人の言葉にも行動にも情緒にも現れるでしょう。言葉にせよ行動にせよ情緒にせよ、そうして現れているものはその古さそのもののゆえに常に新しい、これが聞こえぬ音を聞いている人の顔、行動、そして情緒と言葉の特徴です。大地の声はこれらを通して鳴り響く ― その人自身がこの声そのものであるとはこういうことです。つまるところこれが「己は己自身の存在基盤を知り得るか」という問いの答であり、かつその「知る」の中身であると結論しましょう。

己を己の大本からやり直すこの者は、やり直す仕方で自分を創造している者です。そして一本の樹木の立つ大地が同時にそれ以外の無数の樹木の大地でもあるように、この大本すなわち自己の存在基盤は他者との共通基盤でもあるはずです。ならばこのような者との出会いはいわば〈自分よりも自分に近い他者〉との出会いとなるでしょう。はたして、自己が自覚するとは大地ひいては世界が自覚することです。樹木の芽吹きが大地の芽吹きであるように、自己の目覚めは大地つまり自己の存在基盤の目覚めです。そしてその目覚めは創造と同義です。樹木であれ人であれ、およそ生命の自覚は世界の創造です。

繰り返しましょう。時と場所を超えた古さそのもののゆえに常に新しい ― モノとしてのふるさとがどれほど壊されても、この意味での古きものにはもはや消滅はありません。それはこの古きものが、モノではないのはもちろん、いわゆる心のふるさとという観念的なものでもなく、しかしそれはまた失われてはじめて現出するいわゆる不在の現前でもないからです。それは己の現在を引き受けこれを生きる者に開ける創造力です。芽吹きが樹木の芽吹きであるように、そして樹木の芽吹きが大地の芽吹きでもあるように、人に開けるこの力はまだ見ぬ大地の力です。そしてその人の顔(face)は己の現在に直面(face)している人のそれでした。いまこの顔を、生きとし生けるものすべてを貫く生命の顔だといたしましょう。津波に洗われたふるさとの更地に咲く一輪の花に人が希望を託すのも、そこにみなこの生命の顔を見たからなのではなかったでしょうか。

六

一般に、たとえば「熟鮨《なれ》(馴鮨)」という言い方にも窺えるように、「熟《な》れる」とは、角が取れて丸くなり、深まって味わいを増し、落ち着きを得て動じなくなること等と理解されています。すでに述べたように人生行路をそうイメージする人も少なくないのでした。成熟はしかし人生の目標にはならない旨をこれまで〈ナレナイこと〉として述べてきました。

角が取れて丸くなり、深まって味わいを増し、落ち着いて動じなくなるこの成熟という在り方は、たとえば川下に転がる岩や石のそれにも似ています。上流から下流へと、やがては海へと出るそうした道程がかりに人生のそれに比せられるなら、下流に行けば行くほど石からは次第に無駄なものが取れ、そのぶん石はむしろ己の地を現わすともいえるでしょう。石は下流に行けば行くほど、すなわち時を経れば経るほど、文字通り己の何であったかに戻って行くということです。年を経るごとに無駄なものが取れ、地で生き、素で通す、このいわゆる清貧は日本における道徳観あるいは人生行路の一範型とされてきました。

しかしながら〈己の何であったか〉つまり地を現すこの河原の石と、〈己の何であるのか〉を引き受ける自覚との相違にここであらためて注目してみましょう。流れに逆らわず下流へと下るのが前者なら、流れに逆らうかのような後者はむしろ己の源流への遡りです。己の何であったかと、己を振り返る前者に対し、振り返らず、常に一からやり直すのが後者です。思い出しましょう。己の構造的以前としての古さ、すなわち顔や行動、言葉や情緒に滲み出る自分自身の根源的可能性は反省し顧みる自意識とは逆方向に開けるものでした。眼は眼自身を見ないように、回顧や反省では自覚はできない、つまり己の本質は実現できないと本章冒頭で述べました。この自覚すなわち己の本質の実現は、身に付いた余計なものを削ぎ落すいわゆる禊《みそぎ》によっても到達できないことを次節で述べましょう。身を削ぐ清らかさすなわちさきの清貧の心では己の本質の実現には至らないということです。

真の清らかさとは己の不浄をじっと見つめ続けることのできる力だと　―　あの世阿弥の「向上心」といくぶん似た視点から　―　語ったシモーヌ・ヴェイユは、そのために必要な人間の在り方をこう表現しています。「一瞬の絶え間もなく、疲れも知らず、赤子が泣き叫ぶように」、「魂はただ、神へと向けて、生命のパンに飢えている、と泣き叫ぶだけでよい」、と。清貧の清らかさではなく、この「飢え」や「泣き叫び」の清らかさこそが、つまりはあの狂狷にも似た清らかさこそが、己を低いと知る高さに立つには必要です。目下の自覚すなわち己の本質の実現も同様です。溺れる者が藁をも掴むように、跡形なく壊された故郷の困窮の只中で溺れかかっている者の「泣き叫び」なら、すなわち己の現在を遣り過ごさずそれに直面(face)している魂の叫び声なら、あの「芽吹き」にも「狂狷」にも通ずる創造性すなわち大地自身の創造性を秘めているはずだからです。古きものである大地はだからこそ新しきものを生み出す大地なのでした。この古きもの、すなわち人を励まし養い育て、足下で支え背後から背を推す己の存在基盤は振り返ったとたん姿を消すのです。

いまこの古きものすなわち己を超えた己の存在基盤には、しかしさらに一種のサイズがあることにも触れておきましょう。己の存在基盤を己の存在で奏でるにもめいめいそれぞれのサイズがあるということです。そのばあいこのサイズに呼応して、やはり自覚にもサイズがあるということになります。それは引き受けられた古きもののサイズであり、したがってそこに開ける未来の可能性のサイズです。

ヴェイユはこうもいっています。私たちは「大地」に根差しているとともに「天空」にも根差していると。下へと根を伸ばすことで上へと成長を遂げる植物のように、大地に根ざす人間はつねに天上の価値にも支えられている。モノとしての大地がどれほど壊されても、その大地に生きる人の〈古きもの〉は、これがその人と大地との未来を教えるものでもあるかぎり、このヴェイユのいう「天空」にも似ています。人を支える〈古きもの〉は「大地」のそれであるとともに「天空」のそれでもあるということです。そしてこの「天空」つまり〈古きもの〉はもはや何ものにも壊されることはないのでした。これはしかし上述のサイズを最大限にとった場合の話です。

千年に一度の災禍の経験なら、千年に一度の未来を開くものでもあって欲しいと誰もが願うでしょう。しかしそのためには千年かけて築かれたものをさえ〈成れの果て〉とみなせる力としなやかさが必要です。そこでは、引き受けられた過去のサイズ、つまり己の現在を構造的に支える〈古きもの〉のサイズは、これを引き受けた人の現在のサイズにすでに現れていることが忘れられてはなりません。そしてこの現在のサイズはそのままそこに開けている彼の未来のサイズをも表しています。最後にこうしたサイズということについて、これまでとは違った視点から言及して本章を閉じましょう。

七

今を去ること千年余、我が国の平安仏教（密教思想）のテクストにおける次のフレーズに注目してみてください。

「山毫　溟墨を点じ
　乾坤は経籍の箱なり」（注四）
（訳「山は筆となって海の墨をつけ
　　天地は経典の入れ物となる」）

よく知られた空海（七七四－八三五）の言葉です。ここに言われる「経典」とはそのまま森羅万象・山河草木そのもののことであり、いわゆる紙に墨で書かれた文書のことではありません。この意味での経文を読むとは実在世界を読むことであり、実在世界を読むとは世界という言葉を身をもって理解することだと密教思想は教えます。この言葉がいわゆる「真言」という「仏の言葉」であり、それは一種の響きあるいは音声という外皮をまとって森羅万象に満ちているとされます。音楽の理解にも比せられるこの「真言」の理解にはしたがって身体感覚による共感的理解が必須です。肉体を削ぎ落して煩悩を断ち切るという、すでに「清貧」として述べた「禊（身を削ぐ・殺ぐ）」の発想を重視する一般の仏教や神道思想に対し、密教思想は身体性を否定しないのです。むしろ密教は身体（肉体）もろとも仏となる「即身成仏」の立場に立つことで知られています。また、そうして森羅万象へと嵌り込む媒体がここでの「身」つまり身体の役割でもあるかぎり、もともと森羅万象へと繋がり得る身分あるいはそれだけのサイズをこの身体は権利上有するものでもなければなりません。身を削ぐ（殺ぐ）のではなく、むしろ身を拡大しなければならないわけです。それは共感の能力の拡大、ひいては情緒そのものの拡大を意味します。

もっとも、実在そのものが言葉であるという、言葉と実在との関わりに関するそのあまりに現代離れした感覚のゆえに、すなわち身体を大きく使う仕方で言葉を大きく使うことを旨とするその特殊な言語感覚のゆえに、明治以降の知識人からは単なる呪術との誹りを受け、いまでもこうした「真言」を単なる「おまじない」と見る識者は多いようです。また総合仏教としての真言密教の神仏習合という基本理念がときの明治政府の廃仏毀釈政策の格好のターゲットとされたことも、当時の知識人に端を発する右の密教忌避の背景となりました。さらには身体性の重視という他の仏教には見られない特徴が後に過剰な肉体中心思想へと繋がり（いわゆる左道密教）、このことがまた密教に対する歪んだイメージに拍車をかける一端ともなったようです。

しかしながら、以下に記す空海の「声字実相」のフレーズにおける、森羅万象がそのままで言葉である、すなわち〈実在が言葉である〉という考えは、その〈言葉〉あるいは一種の音声（つまり「声字」）を聴き取る私たちの側の自覚をも迫るものでもあり、その点ではこれまで述べたあのピタゴラスの「ハルモニアー」の思想にも通じるものを秘めていることがわかります。

「五大に皆響有り。十界に言語を具す。
六塵悉く文字なり。法身はこれ実相なり。」（注五）

「五大」は実在世界を成す物質的な最小エレメント、「十界」は精神性の段階に応じた世界（たとえば仏界、菩薩界、人間界、畜生界、餓鬼界等）、「六塵」は「色」の原因としての感覚知覚の認識対象です。物質世界も精神世界も、そしてミクロな世界もマクロな世界も、その一切が音声を発し〈言葉〉を発している、とここでも考えられています。大地の声がそれとして聞こえないのは自身がこの声そのものだから、とすでに述べました。密教でも、人が言葉を話すまえに、世界もろとも人間自身がそもそも音声（＝「声字」）だと見なすわけです。ここで大切なのは、むしろ逆にこうして発せられている音声の聞き取り（あるいは読み取り）によって、当の聞き取り（読み取り）に応じた世界――大小の物質世界や種々の精神世界等――が、聴き取った者にとって、その者の住む世界として、あるいはその者自身の世界観や人間観として、すでに成り立っている、という点にあります。己の聞き取った音声は世界へと入り込んでいる己自身の身体のサイズをそのまま表し、またこの身体によって生きられる世界のサイズをそのまま表し、さらには己自身の情緒のサイズや人間理解のサイズをそのまま表しているということです。人が世界を物語る前に、その人の語る言葉が、したがってその人から放たれる音声が、すでにその人の住んでいる宇宙を、したがってその人の何たるかを、より根源的な仕方で物語っているのです。自分がどれほどのサイズの存在基盤に根差しているのかが、当人の語る言葉を通じておのずと語り出されているわけです。

かつて人々は川や木々や風や大地のリズムをいわば身体的に聞き取って、おのずと自分たちの暮らしのリズムや言葉のリズムとしていたといわれています。同様にいまも私たちは、すでに自分の住んでいる世界の音声を身体的に聞き取って（読み取って）、そこから己の聞き取った（読み取った）分に応じた言葉をすでに発している、と考えるのが密教思想です。この〈世界の音声〉すなわち一種の振動を、たんなる電磁波の物理的振動と見なせば現代の科学的・常識的理解に近くなり、それも言葉、いやそれこそ言葉と見なせば「真言」の思想となるでしょう。それを言葉と見た上で、さらにこれを聞き取った者の住むその世界には、その聞き取りのサイズに応じて十の位階や質的差異がある、と考えるのが空海の主著『秘密曼荼羅十住心論』の中心的アイデアです。

真に古きものはそのゆえにつねに新しい、あるいは真に新しきものこそむしろ最も古きものの現れなのでした。いまこの古きもの（にして新しきもの）のサイズは、すでに奏でられているこの古きものの〈音声〉を聴き取っている側の聴き取りのサイズにも託されているわけです。己の顔、行動、言葉、そして情緒にこの〈古きもの〉がすでにどれだけのサイズで現れているのか、まずはこれが大切なことでした。いまこれに加え、そうして己の周囲で鳴り響いている大地の声たる顔、行動、言葉、情緒を、現に己はどれだけのサイズで聴き取っているのか、このような視点でこれまで述べた自覚ということをもう一度考え直してみるのも大切なことかもしれません。ふるさとの更地に芽吹く〈一輪の花〉も、「一条の光」と述べたあの〈石牟礼道子〉も、いまやひとつの〈音声〉です。すなわちそれとしては聞こえぬ「宇宙の音」となっていまもそれらは鳴り響いています。そしてその行く末はこれを聞き取る者たちに託されています。問題は常に私たちの現在にあるのでした。

おわりに

密教には明王という一風変わった仏がいます。悪魔を粉砕するその怒りの形相は、この悪魔に意気消沈する人間の弱さを叱り飛ばすかのようです。森羅万象に響き渡るあの音声、すなわち大地の声たるあの古くて新しい情緒も、ときに励まし、ときに叱り飛ばし、そしてときには笑い飛ばすのかもしれません。喪失をともに泣く情緒は尊く、喪失を笑い飛ばす情緒は稀です。稀であるのは、それがなによりも古く、そのサイズが途方もなく大きいからです。

ある大富豪が、「全財産をはたいてでも叶えたい望みはあるか」と聞かれ、「大好きな『ハックルベリー・フィンの冒険』をまだ読んでいない状態に戻してほしい」と答えたそうです。いま読んでもあのときの感動は戻らない。始まりの地点に戻るとは始まり以前の地点に戻ることなのでした。始まってさえいない古さ、すなわち己に構造的に先立つ己の存在基盤は、ときに明王の怒声のごとく鳴り響く大地の声を、しかしそれとしては聞こえぬこの大地の声を、己の存在で奏でる人間の無限の可能性なのでもありました。古き宇宙の音声がそれとして聞こえないのは、その静寂が可能性の充満だからです。

注

一　世阿弥『花鏡』、「事書」、第一八条
二　ニーチェ『生成の無垢』（原佑・吉沢伝三郎訳）ちくま学芸文庫　一九九四年、四四六節
三　同書四四一節
四　空海『弘法大師　空海全集』筑摩書房　二〇〇二年、「遊山慕仙詩」
五　同第二巻「声字実相義」

参考文献

モンテーニュ『随想録（エセー）』（松浪信三郎訳）河出書房、一九六六年
西田幾多郎『善の研究』岩波文庫、二〇〇八年

二章　言葉の出自

一

私ごとながら、郷里の讃岐地方に「おみみさん」という言葉があります。少し固めのお粥のことをいう方言です。固いとはいえ、普段のご飯に比べるなら耳のように軟らかな食べ物というほどの意味でしょう。ご飯を煮干しの出汁でしばらく煮込み、微量の醤油で薄く味付けをして、最後に溶き卵を混ぜ込み浅葱を添えると出来上がる。病人食というか、病気が少しよくなってきたころのいわば離乳食のようなものです。このあたたかな食べ物の、その「おみみさん」という言葉自体にも、同じくどこかあたたかな響きがありました。

しかしまたその響きには、なぜかある種の居心地の悪さもいっしょに含まれていたことを覚えています。文字通り軟らかく温かなイメージを喚起し、食欲も取り戻させてくれるそのあたたかな言葉の響きが、温かさとは似ても似つかぬ冷たさをも併せ持っていたのです。安心させるとともにその安心を打ち破り、人を癒しつつ奮い立たせもするどこか怖いこの言葉、いやこの音「オミミサン」は、温もりと、その温もりからの決別とを、同時に呼び起こすものでした。

同じく讃岐に「くそぼっこ」という言葉があります。小児を意味する「這子（ぼうこ）」や、場合によれば「馬鹿（ばか）」、「木瓜（ぼっか）」（ボケの花）、「歩荷（ぼっか）」等から来ているであろう

「ぼっこ」という言葉に、さらに「くそ」という強意辞のついた言葉です。この言葉は、人を叱責するかあるいは罵倒するときなどに、とくに相手が懲りないとみるや当人を完膚なきまでに叩きのめさんがばかりに口をついて出る一種の罵詈雑言の謂です。「未熟者！」あるいは「大馬鹿者！」とでも聞こえるそれは、したがっていくぶん喧嘩腰ながら、それでいて平生でも自然に聞かれる少し下卑た言葉でもありました。

言われた側は、したがって腹立たしくも辛く情けない気持ちに苛まれます。しかしそれでいて、なぜか言う側も言われる側も、ときにある種の安堵感に救われるかのようでもありました。言う側での徹底的な突き放しと、言われた側での深い絶縁感となるはずが、しかし言う側、言われる側の双方で、むしろ根底における切っても切れぬ信頼関係をそのつど確認させせられていたといってもよいでしょう。年長者のほうから年少者へと向けて言われるのが常でしたが、「このくそぼっこ！」と我が身に吐き捨てられるとき、深部ではそうして吐き捨てる相手とのえもいわれぬ連帯感に包まれるのです。そして言う側も言う側で、相手への教育的配慮など何もないはずのこの言葉、いやこの音「クソボッコ」を発するとき、むしろその相手へのそこはかとない愛情をどこか心の奥底で確認させられるのです。よもや「クソ」が突き放しを、「ボッコ」が愛着を、それぞれ分担的にその音声効果を発揮するよう造作されたわけでもないでしょうが、相手を叩きのめしながらも救い上げるその重量配分にはどこか絶妙な塩梅があったのをいまでも覚えています。

さきの「おみみさん」がいわば温かさの後ろに冷たさを宿していたとするなら、この「くそぼっこ」は冷たさの後ろに温かさを宿しています。ちなみに、前者は病気のとき、後者は言い争いのときと、それぞれ日常生活においてさほど頻繁に使われるわけでなく、だからといってその頻度も決して小さくはない慣用語であるという点でもこれら二つの言葉は共通します。このような言葉なら讃岐に限らずどの土地にも探せばいくらでもあるでしょう。ポイントは、これらの語が、温かさや冷たさといった個々の要素的特徴の合成では表せない豊かなニュアンスをはじめから秘めていたことにあります。逆にいうなら、いまこうしてあとから振り返られる（つまり回顧される）と、このニュアンスは相反する要素的特徴の合成でしか表せないということです。それら相反する要素的特徴 ― 温かい・冷たい、やさしい・厳しい、安心・不安、身内・他人、非難・賞賛、等々 ― も、もとはといえばそのどちらでもない単一の源から、すなわちより先なる**単純な源泉**から派生してきたものだったということです。

　讃岐地方の古い方言をいま一つあげさせてください。「こーつ、と」。これはもっと不思議な言葉でした。話（日常会話）が一段落し、そろそろお暇《いとま》、というころあいを見計らって、話者の一方が「こーつ、と」と言う。ぽん、と膝をたたいて腰を上げる動作に入る寸前の、相手との間合いを計るかのように軽く出される挨拶言葉で、したがってそれには一種の〈相槌〉や〈合いの手〉のような意味合いも含まれていました。「こーつ」を「刻子」と書くといわゆる同種同一の三つの麻雀牌が揃った意になりますが、「甲乙」と書くと物事全体の序列という意になります。「三牌揃った」にしても「甲乙」にしても、或ることのさしあたりの完了、初めから終わりまで話が一通り終わったこと、つまりは上から下まで、あるいは端から端まで用件が一通り完了した、というほどの意味になるでしょうか。祖母たちの会話に出てくるこの一風変わった響きを耳にするとき、その概念的な意味は皆目わからないにもかかわらず、不思議とその文脈上の遂行的意義ならおのずと聞き取れていたように思います。

ひとまずは一件落着、したがって「さようならば（さようなら）」というそのニュアンスは、老いも若きも直接肌身で理解できるものでした。そして「おみみさん」や「くそぼっこ」と同じように、幕切れ的な意味合いのこの言葉にも、やはりそれとは逆の、もう少し話を続けたいといった淡い意思表示も同時に含まれていたように思います。やはりここでも要点は、いまこうして複数の要素的意味の合成という仕方で振り返るしかないこの言葉が、もとはそうした要素的意味の合成以前の単一のニュアンスを、当の意味の源泉として持っていたことにあります。

二

「おみみさん」「くそぼっこ」「こーつ、と」。これらはいくつもの**要素的意味**を析出させ、しかしそれら諸要素の事後的な合成では原理的に追いつけない単一の**源泉的意味**に溢れています。むしろこの単一の源泉から回顧的に複数の要素的意味があとから抽象・抽出されるとき、振り返って見出されるそれら個々の要素的意味には常に事後性の標識がついているといったほうがよいでしょう。要素的意味とは、言語遂行のさなかではなく、すでに事の終わったあとに見出される意味だということです。より正確には、回顧的に見出される要素的特徴には常に事後性の標識が回想的に見出される、すなわち、過去を振り返って眺める姿勢（＝回顧）に現出する特徴（＝要素的特徴）が、過去へと身を置きそれを源泉から生き直す姿勢（＝回想）にとってはすでに事後的と感じられる、ということです（この意味での回想についてはあとでもう一度触れましょう）。

　これらの言葉はあくまでもそのつどの会話の進行中でのみその単一の源泉的意味を発揮します。生きた会話の流れや全体的雰囲気があとから振り返られるとき、まずはこの文脈的な流れや雰囲気は眼前に眺められる仕方で固定されています。そうして固定された会話全体からはすでに一場面が切り取られ、切り取られた場面は個々の文や語へと解体され、そうして孤立無援にさせられた語から要素的意味が抽出されるのです。むしろこうした固定化や切り取りや解体と、個々の要素的意味の抽出とは、あとからの振り返りつまり回顧的反省を契機に相互に連繋しているといってよいでしょう。ようするに、「おみさん」「くそぼっこ」「こーつ、と」という語へと元の会話を固定・解体・要素化し、これらの語をさらにその下位要素へと解体しようとしている目下の回顧的反省じたいが、元の会話全体の持つ遂行的・源泉的・単一的・全体的意味をまるごと削ぎ落とすのです。

　一般に「分析」は、主語の中に要素としてあったものを述語へと取り出す一種のトートロジー（同語反復）を要としています。これに対し、回顧的反省を支える「切り取り」や「解体」や「抽出」という働きは、「分析」が主語の中に要素（つまり述語）を見出す時点で、いやむしろその要素が形成されんとするその一歩手前で、すでに働いてしまっている前分析的な働きです。分析がそこへと向かう被分析項をまえもって対象のうちに先回り的に切り出す仕方で分析を可能にするわけです。したがってこの働きは、分析にとっては事前に働くがゆえに当の分析には原理的に捉えることのできない働きとなります。

この働きを「生存の要求」や「行動の効率」という半ば生物学的な意味での「実践的関心」から基礎付けたのが前章でも述べた生の哲学者たちでした。この前分析的な働きにいわば背を押される仕方で発動する分析は、その本性に従って原理的に分析不要（分析不能）な地点まで向かわざるをえないでしょう。語の意味を一義的に確定せんとする働き（＝分析）は、その語の意味成分をいわば単一なアトム（不可分割者）に帰するまで止まらないということです。肝要なのは、そのアトムは、分析作用そのものの果たされる条件として、逆にこの作用の側からまえもって要請されていたものでもあったという点にあります。分析そのものがさらなる分析を促すといいかえてもよいでしょう。

讃岐の方言にみたように、要素の事後的合成では追いつけない多様（質的多様）な意味を湛えているどの言葉も、あくまでも進行中の会話の中では決して曖昧なのではありませんでした。むしろそれはきわめて単純にして明瞭な意味を発揮していました。その明瞭さは、数学に代表される概念の明瞭さ、すなわち一つの要素的意味からなる普遍的概念の明晰・判明さとは別の明瞭さです。いまそれをその土地固有の土着的明瞭さと呼んでよいなら、この明瞭さは、場や筋に沿って自然と理解され、タイミングやテンポや時間の流れに沿っておのずと理解される遂行的な脈絡的明瞭さでもあります。もっともこのこと自体はなにも方言に限ったことではありません。しかし概念的明瞭さが土地の制約に縛られない非土着的な意味の特徴であり、したがってそれはまた使用状況や文脈的状況に縛られない非状況的な意味の特徴でもあるとするならば、方言のばあいとくにこの土着的明瞭さや脈絡的明瞭さの第一義性は顕著になるといえるでしょう。いずれにせよ大切なのは、要素的意味の有する記号的単純性（＝一つの要素からなる単純性）にはない別の単純性（＝多くの要素が汲みだされる源泉としての単純性）があるということです。

語の意味の曖昧性 equivocality を排除する前者の記号的単純性、すなわち普遍的概念における要素的意味の数的単一性のほうから見るなら、土着的・脈絡的明瞭さにおける質的多様の持つ後者の源泉的単純性は両義性 equivocality としか映らないでしょう。これまで見てきた〈温かい・冷たい〉、〈やさしい・厳しい〉、〈安心・不安〉、〈身内・他人〉、〈非難・賞賛〉等々の、相反する要素的意味への解体を施せば施すほど、こうした両義性を成す意味成分は増え、そのぶん土着的・脈絡的明瞭さの一義性からはますます遠ざかる多義性となるわけです。遠ざかるにつれ、この独自な明瞭さはそれだけいっそう曖昧さへと置き換えられてゆくにちがいありません。

生き生きした会話があとから振り返って眺められる（すなわち回顧される）や否や、そこに個々の要素的意味が半ば自動的に析出してくるのでした。やがて個々の要素からさらにその下位要素が析出し始めるとき、そこではあたかも進行中の運動を振り返って無限分割し、その結果運動そのものを否定した古代ギリシアのエレア派の世界観のごとく、もはやもとの生きた会話の運動などなかったかのような言語観が支配的となるでしょう。回顧的立場はいわば身をもって逆説的に〈もとの生きた会話の運動〉の源泉性を示しているということです。これに対し**過去へと身を置きそれを生き直す姿勢すなわち回想**が、源泉つまりもとの会話に身を置いている姿勢です。

三

では回想してみましょう。もとの会話つまり話されている最中の会話は当然ながら前言語的ではありません。一般に前言語的という観念（＝言葉に先立ち言葉にならない存在の観念）は、省みられた言語の側から要請される、つまり固定され、分解され、要素化された抽象としての言語の側からおのずと要請される、この言語そのものの裏面としての〈抽象以前〉でしかない場合がしばしばです。抽象としての言語がさきの概念的明瞭さを目指すものであるかぎり、抽象以前つまり言語以前を重視するこの立場は、じつはこの概念的明瞭さを目指す立場と裏腹の関係にあるわけです。抽象がみずからのカウンターパーツとして抽象以前を要請するこの様は一種の振子の往復運動にも比せられるかもしれません。

また、話されている最中の方言が豊かな意味を持つのは、それらが両義的あるいは多義的だからなのでもありませんでした。両義的、多義的とは、単純にして豊かであった源泉的意味があとから回顧され反省され分析され、その結果として生じた複数の要素的意味から事後的に合成されたものの性質なのでした。曖昧にせよ両義的にせよ多義的にせよ、それらはまえもって要素的意味（すなわち概念的明晰判明性）へと暗々裏に定位し、そこからこの要素的意味を有限個束ねることによって出来上がった表現つまり事後的な表現でしかないということです。そうした要素的意味は、それが抽出abstractされた一個の抽象abstractでしかないかぎり、もはやもとの事柄の「部分」でさえない、と断じたのはあのベルクソンでした。要素的意味はいわば事柄に対する「視点」でしかなく、視点をいくら集めても事柄そのものは作れないというわけです。パリの写真をいくら集めてもパリそのものは作れない道理です。

方言の単純・単一な源泉的意味には土着的世界が担われており、曖昧さを排除する学術的概念は没世界を目指して人造されています。明晰・判明を目指したデカルトのコギト（＝われ思う）が没世界的主観であるように、一意性を旨とする学術的・普遍的概念も没世界です。いちど飛び越えられてしまった世界は事後的合成では回復できません。飛び越えることなくその世界に踏みとどまっている立場、すなわち回顧ではなく回想の立場では、生き生きと交わされている最中の言葉こそが一切の意味の源泉なのでした。振り返って固定され分解され要素化され、やがて普遍的記号として定着する言語ではない、この進行中の言葉の一範例が、振り返られることなく自然に話されているさきの方言の事例だと考えてよいでしょう。

概念による実在の切り取りというアイデアは、主に学術的・普遍的概念に典型的に見られる事後的一意性や非土着的（ひいては没世界的）明瞭さを旨とする言語（つまり普遍的記号）に対して向けられた、ベルクソンの言語批判の要でした。いわく、「出来上がった」概念では「出来上がった」ものしか表現出来ない。「出来てゆく」生き生きした実在 ― あるいは端的に「生成」 ― を表現するには別の道を歩むしかない。ならばその道は、振り返られることなく自然に話されている言葉に立ち返るというあの回想の道になるのでしょうか。あるいはもとの生き生きした個人の経験の単純な豊かさに立ち返ってそこから生を語るというさらなる回想の方向でしょうか。あるいはむしろ概念によって、すなわち一意性や明晰・判明であることを目指して洗練されてゆくまさにその概念によって、当の洗練過程の惹き起こす硬直をいわば自戒的にそれとして批判し際立たせるやり方となるべきか。さらには、そのような概念の自己崩壊を通して逆説的に実在をおのずとそこに際立たせるという行き方もあるでしょう。はては言葉をもって言葉を切り崩す、あるいは言葉を「脱落」させて用いるという行き方はどうでしょうか（たとえば「禅」）。次の三章ではこうした問題について「言葉と時間」という側面から考えてみましょう。

二章補　回顧ということ

「おみさん」が冷でも温でもなく、「くそぼっこ」が叱咤でも激励でもなく、「こーつ、と」が終結でも継続でもなかったように、たとえば生についての諸々の要素的特徴を表す概念も、当の概念では追いつけない〈何か〉から事後的に抽象・抽出された、その〈何か〉の痕跡でしかないとしたらどうだろうか。それら諸概念の出自たるその〈何か〉は、分析的知性によっては捉えられないのであろうか。知性の分析・分解作用による事後性や痕跡性そのものを把握する知的ディスクールは不可能か、といいかえてもよい。知性というプリズムを透った自然光が七色に分光されるなら、その同じプリズム（＝知性）によって再びもとの自然光に戻せぬか、分解する力を持つものなら結合させる力も持つはずだ、と。

＊

光の三原色で出来ている電子機器のディスプレイでは、赤・青・緑のドットで無数の色を作り出せる。そこにかりにセザンヌの「サント・ビクトワール」やモネの「睡蓮」が映し出されても、物理的に存在するのは赤・青・緑の要素的原色だけである。ならば実物の絵も要素的原色（赤・青・黄）で合成できる、と科学は説明する。ここで、科学が前提している仕組み、すなわち要素に分解して合成する知性の仕組みが説明されねばならない、と考えるのがベルクソンであった。

彼は言う。実際の果物のオレンジ色は、いちど赤色と黄色に分光されると、あとはそれらの合成でしかなくなる、と。やろうと思えばオレンジからは無限の色が取り出せるだろう。実際の事物の色は要素の合成を超えた源泉だからである。対象を有限個の要素で合成する科学の仕組みは、知性による対象の「切り取り」や「分解」という前分析的な抽象の働きによっていた。この働きは、自分でばらばらにしたものをあとから繋ぎ合わせるいわば自作自演を呼び寄せるのである。

この知性とてしかし生命の一部である。一部だからこそ知性で生命を「理解する」comprendre ことはできない、とベルクソンはいう。部分（＝知性）が全体（＝生命）を「包む」comprendre ことは背理だからだ、と。包まれているのは知性のほうであり、己を超え包むこの生命を、知性がそれでも理解しようと（包み込もうと）するならば、知性は、したがって己が破綻するまで、いうならば分解する能力自体が分解するところまで突き進むしかないだろう。

自身の母胎を包み込むことはできないように、子（知性）は親（生命）を理解できない――この意味での「理解」つまり「知ること」が知的に知ることであるのに対し、第一章では別の「知ること」を自覚として述べた。そこでの「知ること」つまり自覚は創造と別ではなかった。すなわち、知性は生命の一部だからこそ、自分（＝知性）を生んだもの（＝生命）を知る（＝自覚する）とは、自分もその生むものとなって生み出すこと（＝創造）となるのだった。「生む」とは何か、あるいは自分を「生み出したもの」とは何かを知りたいなら、自分が生むものとなって生むしかない。創造は創造的にしか知りえない、すなわち生命は生命的にしか知りえないということである。

＊

「自分は何の一部なのかを知ること、それが大切なのだ」と、かつてのスペースシャトルの宇宙飛行士カルバートソンは宇宙空間から語った。地球の良さは地球に住む者にしかわからぬが、地球の外に出てこそ地球の良さがわかるのも科学の教える事実である。この宇宙飛行士にとって、しかしもはや地球の外か内かは問題ではない。地球の外に出てなお宇宙空間の内にいる飛行士は、眩いばかりに輝く眼前の神々しい地球と、その地球に対峙して漂う微塵のような自分とが、同じ宇宙空間に存在していると知る（つまり自覚する）からである。すなわち、〈自分は宇宙の一部であること〉を、地球の外へと出て悟る。あるいは宇宙の内へと出て悟る。地球の外にいることで、地球と同じ宇宙空間の内にいるのだ、と。

その彼は「漆黒の闇に宝石のような地球が浮かんでいる」とも語った。地球はしかし宇宙空間に「浮かんでいる」のでも〈沈んでいる〉のでもない。上下が意味をなさない宇宙空間では、〈浮かぶ・沈む〉という地上のディスクールが役に立たないだけである。そして目の前の地球と同じ境遇にある者――みずからも宇宙空間に漂っている飛行士――だけが、この「浮かぶ・沈む」という自分の言葉の無意味さを知るだろう。ポイントは、宇宙空間における地球と、同じく宇宙空間における宇宙飛行士が同等の資格でそこに存在していることにある。いまや「知る（自覚する）」とは、眼前の対象（＝地球）と同一の存在となるというよりも、それと同格の存在となることを要求している。「知る」ことは「生む」ことと別ではないとさきに述べたが、いまの場合の「知る」はしたがって

「ともに在る」ことと別ではない。自分は地球と同じく宇宙の一部であることを、地球と「ともに在る」ことで「知る」のである。それは宇宙が宇宙的に知られることでもある。

＊

グリム童話『ヘンゼルとグレーテル』の「お菓子の家」の件に、兄を喰おうとしている魔女を妹が竈で焼き殺す、という一場面がある。この話に限らず、子供のころは普通に読み聞かされていたおとぎ話が実は残酷な物語だった、とあとになって振り返って知ることのできる童話は数多い。ちなみに、アンデルセン童話が道徳的、教化的なのに対し、グリム童話は多くのばあい道徳以前の世界で展開する。道徳以前のいわば原始の感情の陶冶こそがのちの道徳感情の豊かな素地となるのだとしたら、アンデルセンはいわば大人の童話、対するグリムは真の子供の童話といってよいだろう。いずれにせよ、振り返って残酷だったと知ること、これが本当に「童話を知ること」なのだろうか。

「残酷」とはある種の道徳感情である。注目すべきは、すでに知っている話をあらためて振り返って得られるこの道徳感情が、そう振り返る目下の回顧つまり知的反省によって事前に切り出されていた一場面（「お菓子の家の件《くだり》」）をもとに生じた感情だという点にある。この感情は、反省的知性によって事前に切り取られた件《くだん》の場面のもとで働いているという、その意味では事後的な感情ともいえるだろう。むしろ分析や回顧や反省を強いてくる情緒が、前もって知性をしてお菓子の家の場面をそれとしてあらかじめ全体から切り出さしめていた、といってもよい。固定され分解され切り取られたものを基盤にして動くこの感情、あるいは端的に固定し分解し切り取らせる情緒を、ベルクソンは

「知性以下の情緒」と呼んでいる。さきほどの「知性の自作自演」にも似たそれは鏡に映る己の姿に見入る閉じた情緒である。

　そうして振り返られた童話には子供を育てる力はもはやない。回顧や反省は自身の果たされる条件をみずから破壊する行為だということである。童話は、残酷なのでも、そうでないのでもない。童話と共に育ってゆく子供の情緒は、紆余曲折を経験した大人の情緒　—　ある意味では子供のそれより深く豊かな情緒、しかしまたある意味では出来てゆく子供の情緒に比してすでに出来上がった情緒　—　では追いつけないだけである。振り返らせる情緒すなわち反省的・分析的な「知性以下」の情緒では、振り返ることなく前進する「知性以上」の情緒すなわち生成的・創造的情緒には追いつけない。知性以上の〈生み出す情緒〉は知性以下の〈生み出された情緒〉では理解できない（＝包み込めない）ということである。創造は創造的にしか知りえないとすでに述べた。ならば真に「童話を知る」には、知性以上の情緒つまり創造的情緒に満たされてみずからも生むしかない。そのみずから生む力こそ、かつて読んだ童話によって育った力だからである。

　かくして、反省的・分析的な情緒に促された行為　—　たとえば巣から落ちた雛を「かわいそう」だと戻してやる行為　—　はときに生物界には迷惑である。強いものが生き残るのは生物界のルールだからである。もっとも、「強いものが生き残るのがルールだから」と、またしても知的理由を経由する情緒つまり「知性以下の情緒」と、端からそのような気持ちが起こりもしない情緒とでは事情が違う。端からそのような気持ちがおこらないのは「残酷」だからなのではない。それは雛を戻す情緒（知性以下の情緒）が「残酷でない」のではないのと同断である。動物が何であるかを「知る」には動物と「ともに在る」しかない。大切なのは、現代の動物愛護の情緒つまり「知性以下の情緒」からかつての〈動物とともにあった情緒〉つまり「知性以上の情緒」へと遡ることはできないということ、しかしそれにもかかわらず後者の情緒は現在の私たちの中にも眠っているということにある。知性は生命の一部なのだった。本書「まえがき」でのベルクソンはこれを、知性と生命は同じ実質でできている、と表現していた。

＊

歴史的偉業・偉人を振り返るとき、現在の彼・彼女を起点にして、過去のある時点が当人の原点として切り出されてくるのが常であろう。あとはこの原点を文字通り出発点として、本人を形成する一つの筋が本人の現在へと向けてアレンジされることになる。過去におけるこの原点もまた、あの「お菓子の家」の場面のように、あらかじめ現在の側から事前に切り出されたものであろう。現在に先立つはずの過去が現在に先立たれているのである。「過去を使って現在を説明する」あるいは「先行者たちによって自分自身を説明する」、とベルクソンの規定するこの回顧的・遡及的物語形成は、現在においてはじめて獲得された視点（たとえば「民主主義」）を過去へと投げ入れ、そこから現在（の民主主義）に資する要素（民主政の先駆となる前兆）を切り取ってくることによって可能となる。こうして現在において初めて可能となった視点を過去へと投げ入れることは循環や閉塞を伴う自作自演となることはすでに述べたとおりである。

この自作自演は当の演者には気づかれない。現在を過去へと投げ入れることで過去がいわば現在の変容となるとき、つまり過去が現在から選びとられるとき、過去はすでにその過去としての豊饒な力を失っているのであった。さきにはこれを、回顧や反省は自身の果たされる条件をみずから破壊する、と述べた。自分の生い育った母胎を自分で壊すこと、ひいては己の存在基盤を自分で塞ぐことといいかえてもよい。(この意味での過去＝母胎＝存在基盤を第一章では構造的以前と呼んだ)。裏を返すなら、いま私たちが生きている現在は、やがて将来から当の将来を説明するために振り返られるそれに比するなら、比べものにならないほど豊かな可能性に満ちているということである。過去を使って現在を説明するまえに、現在自体が秘めているこの豊かな可能性をまずは生きることのほうが先である。現在は現在的にしか知りえないのであった。

＊

「ひとは現在の自分(の状態)が未来においてもそのまま変わらずに存続することを自分では保証できない」(マルセル『形而上学日記』)。いま泣いた烏がもう笑うのは人の常である。だからマルセルは言う。およそ「約束」は、それが約束をする人物の自己同一性を前提するものであるかぎり、不可能だ、と。「約束」ということに伴う一種のアンチノミー──己を貫くための「約束」という行為が同時に己を裏切る行為ともなるということ──は、しかしながら時間の本質を見誤ったことからくる擬似問題である。

たしかに我々は自分の将来を見通せない。だからこそ我々は──それにもかかわらず我々は、ではなく、だからこそ我々は――己の現在をまさしく生きているといえるのではあるまいか。己を貫くための「約束」という行為が同時に己を裏切る行為ともなるかどうかは、「約束」してみなければわからない。「約束」とはなにより自己への約束であるということ、あるいは己自身への賭けでもあるということである。「ひとは現在の自分（の状態）が未来においてもそのまま変わらずに存続することを自分では保証できない」からこそ、「約束」するのである。将来を見通せないことは無能力の謂ではなく、むしろかえって己の現在を生きていることの証左、すなわち自分の時間を手放していない証左だといいかえてもよいだろう。自分の時間を手放した瞬間、時間は見通せるものとなり、知性は事柄の上空を飛翔する。時間を「見通せるもの」と考えるこの知性はしたがって「見通せない」ことに苦しむだろう。現在を現在的に生きることのないこのような知性による「時間の空間化」が、多くの哲学上の疑似問題を生んできたことを、ベルクソンは陰に陽に繰り返し警告し続けてきたのであった。

三章　言葉と時間

はじめに

「活撥撥地」――「かっぱつぱっち」と読みます。活発より一段上の活発、いわば超活発を意味する語です。「ぴちぴち」と跳ねまわる躍動を表すこの名詞「活撥撥地」は、いわゆる擬音語ではないにもかかわらず、発音それ自体に「ぴちぴち」とした躍動がそのまま「ぴちぴち」と現れ出る一種の音声効果を宿しています。すなわち躍動という事態の音声表現自体が躍動的です。この語はときに禅において自分自身の現在の躍動つまり「己の而今《にこん》」の躍動を表すときにも用いられます（注一）。

いわゆる「不立文字」の立場から、禅では言葉による事象の概念的な指示は退けられる、と一般に考えられています。しかし「活撥撥地」の持つこの活撥撥地性――躍動的現在を表示する語自体の躍動的現在性――のように、発語そのものが躍動的現在において躍動的となる仕方で、すなわち言葉自体が事象性格を宿す仕方で、躍動的現在つまり「己の而今」という事象をむしろ言葉そのものを通じて実現させることも禅では試みられます。

そのような言葉の音声的な事象性格を通じた「己の而今」の実現は、あとの「問答」にみられるように、躍動的現在の最中にありながら当の現在を言葉によって離れてしまう人間の、まさにそうして離れる〈いま・ここ〉の言葉による直示のときこそ重要です。この直示は、〈いま・ここ〉にあって当の〈いま・ここ〉の失われる瞬間の直示、しかも自己にあって自己から遊離する瞬間の、〈自己からの遊離〉という概念に依らない直示です（後述する臨済の「喝」はその一例です）。いずれにせよポイントは、この場合もさきの活撥撥地の場合も、言葉ともの（＝事象）という二元性が破られていることにあります。陰に陽に錯綜した事情を持つこうした文字言語の特徴は禅思想では一般に「葛藤」といわれています。

このような禅における語の事象性の重視は、たとえば「明」という字に事としての〈明るさ〉も取り込まんとする書道の一般的規範にも窺えます。語も字ももとはいわゆる「コトのハ（事の端・言の葉）」であってみれば、こうした語の事象性はコトと切っても切れぬ上代の言語観にまで遡れます。物と言葉とを分ける常識的立場とは異なり、さらには〈物は言葉である〉すなわち〈存在は言葉である〉とする欧米言語哲学のハードコアとも別の仕方で、いわば〈言葉も物である〉とするのが禅におけるこの立場の特徴でしょう。

本章では、ヨーロッパの生の哲学や実存思想との対比を通して、禅思想に見られる言葉と事象との関係を言葉の時間性　—　言葉の出されるタイミング　—　の問題として論じたいと思います。

一

「逢佛殺佛、逢祖殺祖、逢羅漢殺羅漢、逢父母殺父母、逢親眷殺親眷始得解脱、不與物拘、透脱自在。」（『臨済録』、入矢義高編、「示衆」一〇、典拠については次節参照）「仏に逢うては仏を殺し、祖に逢うては祖を殺し、羅漢に逢うては羅漢を殺し、父母に逢うては父母を殺し、親眷に逢うては親眷を殺して、始めて解脱を得、物と拘わらず、透脱自在なり。」

出逢われてくるもの ― それが「親」であれ「羅漢」であれ、そして「祖」であれ「仏」であれ ― その一切をまさに出逢いの瞬間に機を逸することなく「殺せ」、これが『臨済録』における「活撥撥地の現在肯定」についての通常の言葉による一般的な表明です（曹洞系の『正法眼蔵』での「活撥撥地」についてはさきの「葛藤」と併せて後述します）。自己ならざるもののほうから自己を規定することを徹底的に拒否するわけです。他方、同様の現在肯定・自己肯定に立ちながら、この『臨済録』とは反対に、出逢われてくるものをそのつど己に取り込み「嚥下し」「消化せよ」と教える「生の哲学」の立場があります。以下のニーチェの「強者」の特徴を見てください。

「強くて出来の良い人間は、硬い食物を嚥下 Verschlucken しなければならないときでもその食物を飲み込んで消化する Verdauen ように、己の体験を消化する。」（『道徳の系譜』第三論文、第一六章）

この「強者」の「現在」では、「飲み込むこと」Verdauung を皮切りに、一切の食べ物が「消化」Einverleiben されて栄養となります。「体験」を機に出会われるものの一切がそのつど機を逸することなく精神的に「同化」Einverseelen され、同化される仕方で「始末される」fertig sein のです。われ知らず自然に「消化」する「強者」、すなわち消化されるものも消化の働きそのものもそれとして意に介することのない「強者」は、現在を先送りせず、現在に遅れをとらない仕方で現在にそのつど「決着をつけて」fertig sein 生きているわけです。あらかじめ身構えることなく終わった後も後を引かない現在、すなわち一種の自己保存に基づく計算がそのつど御破算となるこの現在の只中で、出会われるものの一切をみずからの養分として自然な成長を遂げるのが、機を逸することなく「消化」「吸収」する「強者」の生です。

こうしてニーチェがいま・ここの現在から出ることはできないと断ずるのなら、「いま・ここの現在から出てはならぬ」と教えるのが冒頭で挙げた『臨済録』の立場でしょう。己の現在の肯定という点ではニーチェと同様の趣旨を持ちながら、徹底して自力を唱えるこの『臨済録』の「逢佛殺佛」は、「出会うものを何でも口に入れる」者を仏法とは無縁な「羊」として退けます。

「今時学者、總不識法、猶如觸鼻羊、逢著物安在口裏。」(「示衆」四)(「今時の学者は総べて法を識らず。なお触鼻羊の、物に逢着して口裏に安住するが如し。」)(現代語訳:「当今の修行者たちはまったく仏法とは無縁である。まるで鼻づらを物にぶつけたがる羊みたいに、何に出会ってもすぐに口に入れてしまう。」）

「消化」どころか己以外の一切を「吐き出せ」と教える臨済禅の自力思想では、この「羊」なる存在は、目さきの流行を追いかけ名目に囚われる「無明」そのものを意味します。出会うものすべてを飲み込むニーチェの「強者」とは反対に、およそ出会うものの何ものにも飲み込まれることなかれと教える『臨済録』の「羊」の教訓は、出会いの度に出会われるものへと飲み込まれてしまう凡俗の実相を執拗に暴き立て、そのぶんむしろ自己肯定ならぬ自己否定の主張を前面に出してくるのです。すなわち、出会いの度に私たちは、吐き出すべきものを吐き出せず、したがって己でないものから己を理解することで我とわが身をまるごと失っている、とここでの「猶如觸鼻羊、逢著物安在口裏」は訴えます。ともに出会いに際して出会われるものを「飲み込み」ながらも、ニーチェ的「強者」の世界では己はこの「飲み込み」によってますます己となり、ここ『臨済録』の「羊」の世界では己はますます失われるわけです。

精神を「胃」に譬えるこのニーチェが、その強力な「消化」能力の典型を見たのはフランスの革命政治家ミラボー（Honoré Gabriel Riqueti, Comte de Mirabeau 一七四九―一七九一）でした。そのミラボーの傑出した「忘却」能力を賛美してニーチェはいいます。彼（ミラボー）は「自分の上に加えられた侮辱や卑劣な言行に対してなんら記憶を持たなかった」。この事実をさらにニーチェは、「黙っていること、忘れないこと、待つこと、さしあたり卑下し謙遜する」本性すなわち「弱者の反感」の本性に対置します。黙して表に立たず、種々の知識を忘れることなく貯め込み、待ちうけて機を窺う謙虚な「弱者」は、現在にあって常に現在を取り逃がす、すなわち機を逸する「胃弱」や「胃腸病」を患っているというわけです。

「自己の敵、自己の災厄、否、自己の非行 Unthaten そのものとすらいつまでも真面目に取り合ってはいられない nicht lange ernst nehmen können ということ、これが、躍動的で plastisch、形を補い nachbildend、病を全治させ ausheilend、さらには忘却させもする vergessen machend 力を溢れるほど持っているあの強い張り詰めた性質 Natur の目印である。」(『道徳の系譜』第一論文、第一〇章、傍点戸島)

「……私たちに体験され、経験され、私たちに摂取されるほどのものが ― 私たちの身体的栄養、すなわちいわゆる「身体的同化」Einverleibung の行われる千差万別の過程全体と同じく ― 消化 Verdauung(これは「精神的消化」Einverseelung と呼ばれてよいであろう)の状態になって私たちの意識に上らないのも、この[忘れっぽさ Vergesslichkeit という]阻止能力のおかげである。」(同書、第二論文、第一章、傍点および[ ]内戸島)

「この忘れっぽさがなければ何の現在 Gegenwart もない。」(同上)

一方、『臨済録』では、機を逸することなき自己肯定という点では相通じつつも、ニーチェの「強者」におけるこの「忘却」の視点は表立ってきません。もっとも、さきの「逢佛殺佛」すなわち「仏に逢うたら仏を殺す」という「自力」は、自らを信じ切れぬ修行者たちの「仏を求め、法を求める」姿勢そのものをも戒める「自力」であり、したがってさらにまたそれは「仏」をいわば「主体化し」（入矢義高訳注『臨済録』、岩波文庫、二二〇頁）、もはや外には求めない「自力」ともいわれます。「仏を主体化する」とは、仏法が、受諾されるのではなく、むしろ活撥撥地たる「己の而今」から生み出されるということです。「仏」が己に消化されたかのごとく、仏法や仏性はその己（すなわち仏）からおのずと湧き出るということです。こうした「己の而今」の、無我にして虚心の源泉性格は、冒頭「はじめに」で述べた「活撥撥地」の躍動性格の中にすでに現れていました。ならば今度はここ「己の而今の活撥撥地」には、ニーチェのいう「消化」と、我を忘れて我に帰る「忘却」の、双方の契機を見て取れます。

以上を踏まえるなら、あらためて『臨済録』での「吐き出す」とは、飲み込む必要のない〈余剰を吐き出す〉ことともなるでしょう。裏側から言うなら、健康な〈飲み込み〉はおのずと健康な〈吐き出し〉を自然にやってのけているということです。この点ではニーチェも、一切を飲み込みいかなる「否定」も斥ける「ディオニュソス的肯定」を掲げるその一方で、原理的に「否」を言うことのできない偽りの「肯定」を、すなわち端から吐き出すことを知らない偽りの〈飲み込み〉を「驢馬」のそれとして告発しています。『臨済録』でのあの「羊」を彷彿とさせるかのように、なんでも飲み込むこの「驢馬」はさらに「豚」にも譬えられてこういわれます。

「すべてを噛み砕き、すべてを消化する、これは豚にとってはよいことだ！」(Alles aber kauen und verdauen : das ist eine rechte Schweine-Art !)（『ツァラトゥストラはこう言った』、第三部、「重力の精について」）

いかなる場合も最初に他者を否定しなければ自己を肯定できない弱者の否定とは違って、自然な自己の肯定が結果的・所産的・付随的に他者の否定を伴う場合がある強者の否定は、したがって上述の健康な〈飲み込み〉の裏面としての健康な〈吐き出し〉と解しえます。ミラボーに見られたように、体に入った毒物をおのずと排泄する生体の解毒メカニズムと似て、健康な「強者」の生は己に加えられた害毒を半ば自動的に解毒・排泄するのです。「你且随虚處作主、立處皆真」（「示衆」四訳「その場その場で主人公となれば、己の在り場所はみな真実の場所となる」）。『臨済録』でのこの「主人公」の存在様式は、飲み込むべきものの飲み込みにして、消化すべきものの消化という一点で、ニーチェのいう「奴隷―主人」における「主人」の存在様式と響きあっています。

総じて、健康な胃に食物が入れば間髪入れずに蠕動が始まる「強者の消化」と同じく、機を逸することなく間髪入れずに仏を殺す「逢佛殺佛」も、為されるべき事が、為されるべき時に、為されるべき人によって為されていることを、すなわち真の味での〈出会い〉を、その真正な仕方で表しているといえるでしょう。仏に「逢うて」仏を殺すか否かは、したがってその仏を「主体化」できるか否かは、まさにこの〈出会い〉の瞬間に決するということです。

二

『臨済録』はもともと臨済（唐代末期）の弟子たち（三聖慧然および興化存奨）が編集、校訂したもので、その成り立ちや読みやすさからして、同じように弟子（唯円）によって編まれた親鸞の『歎異抄』に比せられることが多いようです。しかし後者『歎異抄』が周知のごとく師である法然の「他力」の思想を「悪人正機」説 ― すなわち人間存在の有限性の自覚 ― にまで昇華・徹底させたのに対し、およそ「他なるもの」を頼みにせぬ「無依の道人」の自力を貫く『臨済録』の要諦は、まずは何ものにも依存しない自己本来への徹底的帰入、すなわちあの「活撥撥地」への活撥撥地的な復帰にありました。

「序」に始まって、「上堂」（**説法**のために住持が法堂に上ること）、「示衆」（師が修行者に説教すること）、「勘弁」（禅僧が互いに**問答**を通じて相手の深浅邪正を探索すること）、「行録」（勘弁と同じく**問答**形式による臨済の行状の実録）、そしてあとがきに相当する「臨済慧照禅師塔記」へと、新たに入矢義高によって編集された『臨済録』（底本は一一二〇年の刊本を祖本とする通行本）は、易しい言葉で普通に説いて聞かせる「示衆」の分量が全体の六割強を占めています。すでに述べた「出会うものはみな殺せ」あるいは「仏を外に求めるな」等がこの書『臨済録』の代名詞となっているのも、こうした端的な主張がいわば初心者向けの結論として繰り返されるこの「示衆」の概説的特徴を反映するものと考えてよいでしょう。

その「示衆」の「逢佛殺佛」でも見たように、外に求められてはならぬ「仏」すなわち仏法はしかしながら内にも求められてはなりません。同じく「外に求める」ことを禁じつつも、自己の内にこそ「神の国」はあるとする聖アウグスチヌスのいわば内在化された超越とは違い、『臨済録』では求めようとする「自己そのものがそのままですでに仏」だからです。自己そのものが仏なのだから、「仏とは何か」と問う者は最初から己の〈いま・ここ〉を踏み外しているわけです。したがってここ「示衆」では、当の〈踏み外す己〉によるこの〈踏み外し〉という自業の自得がまずは促されていることに注意しましょう。

そして「示衆」に内在するこの自業自得の方面は、「勘弁」や「行録」といった問答形式のテクストで一層主題的に際立ってきます。この問答では、己の現在を肯定せんと一心に問い求める姿勢が、当の現在へと向かうための姿勢としてはむしろ否定されることによって、かえって己の現在がその活撥撥地を取り戻します。すなわち、「仏」の〈何であるか〉も〈如何にあるか〉も〈有ることそのこと〉も、問い求めた瞬間「喝!」となります。これが「臨済の喝」といわれるものです。この「喝」の瞬間が、さきに述べた、仏が「主体化」されるかどうかの決する〈出会い〉の瞬間です。

なぜ「喝」となるのでしょう。それは問い求める姿勢が暗々裏に問い求められているものをまえもって限定してしまっているからです。そしてこのことによって〈問い求める己〉の何たるかをもすでに限定してしまっているからです。まったく知らないことならそもそも問いが生じ得ず、完全に知っているなら問いの生じる余地がないという、およそ問うこと一般の原点に見られる一種の循環も、禅定においては歩むべき本来の道の転倒、すなわち終点から起点を規定する本末転倒とみなされるわけです。問い求める姿勢自体がはじめから己の目指すものに背いているのです。そしてそれもこれもすべてが言葉の持つあの飛翔力、つまり〈いま・ここ〉を離れる力からくるのでした。禅ではこの力は「言葉の魔」と呼ばれます。

しかしながら問答では、毒（＝魔）を以て毒（魔）を制すかのごとく、言葉で問う姿勢に潜むこの本末転倒を再度転倒させるべく、むしろあえてそこに過剰に言葉が費やされます。そればかりか、こうした本末転倒に潜む危険（crisis）をかえって転機（crisis）と見ることで、あたかも問答の終局つまり「喝！」への準備であるかのように、あらためてそこに多種多様な言語ゲームが注ぎ込まれるのです。この点からするならば、「示衆」での「外に求めるな」「内にも求めるな」「殺せ」「君がすでに仏」といった概説からしてすでに、すべてこの〈喝の言語ゲーム〉への誘導だったとみてもよいでしょう。ポイントは、このゲームが、「外」や「内」や「仏」なるものを実的に措定せず、それらをいわば括弧に入れながら、いわば宙に浮いた「自己」なる存在を着地させる言語ゲームであるという点にあります。

ところで、唐代の禅では八世紀ころから「自己」（zì-jǐ）という用語が登場し始め、「私の自己とは何か」といった本来は珍妙なる「自己への問い」の定型が九世紀中葉にはほぼ定着します。もともと八世紀当初では、「自己」という一人称的呼称は、深淵で見《まみ》える仏なる絶対者の面前で、この仏と対峙する側の覚悟し腹の据わった瞬間に放たれる一種の気概の表現でもあったようです。それがやがて解明されるべき探求対象としての深層の「自己」なる〈もの〉を指す三人称的名称へと転化してゆくわけです。「自己本来の面目」「自己本来の主人公」といった「示衆」での言い回しにおける「自己」も、当然ながらこの線に沿って次第にモノ化していく定にあったとみてよいでしょう。それは「自己」なる語が自己というモノを指す単なる記号へと変容してゆくことでもあります。

他方、この「示衆」に比して一種のドキュメントの観を呈する「勘弁」「行録」は、その問答という形式のゆえからか表現がきわめて端的で、なおかつ禅者の心の動きにリアルタイムで寄り添える現実味を備えています。しかしまた分量的には「示衆」の半分にも満たないこれら問答は、端的であるがゆえに種々の解釈を容れる余地を多分に残し、そのことがさらなるテクスト形成を促すというその意味での高次のテクスト形成力も内蔵します。臨済禅が公案禅あるいは看話禅といわれるこの所以は、しかしそうであるがゆえにときに不毛な解釈合戦を生む一因ともなりました。したがって以下では、己の現在を先送りせずこれに遅れをとらない現在そのままの躍動へと、当の躍動性を棄損せずにアクセスする問答の形式に依拠しつつ、その形式の有する〈リアルタイム性〉と〈高次テクスト性〉の、特に前者〈リアルタイム性〉の利点を活用してみたいと思います。「行録」一八を見てみましょう。

「往鳳林。路逢一婆。婆問、甚處去。師云、鳳林去。婆云、恰値鳳林不在。師云、甚處去。婆便行。師乃喚婆。婆回頭。師便打＊。」（現代語訳：「臨済が鳳林和尚を訪ねる道で一人の老婆に出会った。婆「どちらへ行かれる。」臨済「鳳林の処へ。」婆「あいにく鳳林は不在ですぞ。」臨済「どちらへ行かれたかな。」老婆はさっさと歩きだした。臨済は「ばあさん！」と呼んだ。老婆が振り返ると、臨済は打った＊。」）

＊　最後の「打」を「行」とするテクスト（『古尊宿語録』）もある。

臨済と老婆の出会いの瞬間から始まる無駄のないやりとりは、「鳳林はどちらへ」と臨済に尋ねられた老婆によって返されるさらに無駄のない応答　―　「案内するからこちらへ来なさい」ともいわず、また「彼がどこへいったか私は知らない」ともいわず、ただ「さっさと歩きだす」行為　―　に至ってその頂点を迎えます。機を逸しない老婆の「歩きだす」行為がそのまま一切の無駄を削ぎ落とした模範回答となっているのです。こうして冗を去り、余計な思惟や言語の介入しないいわば「非連続の連続」とも言い得る仕方で己の而今を遂行しているにもかかわらず、臨済に「ばあさん！」と呼び止められた老婆はつい「振り返る」。その瞬間、臨済は間髪入れず老婆を「打つ」、すなわち「喝を入れる」。（「打」が「行」となるテクストでは「臨済も行った」となります。）余計な思議や言葉の介入どころか「振り返った」だけで「喝」となるのです。為されるべき事が、為されるべき時に、為されるべき人によって無駄なく機を逸することなく為されているかどうかを、「無駄なく機を逸することなく」と説明せずに直示するわけです。非連続の連続を「非連続の連続」という概念なしに直示するこうした問答の事例はこの一八番テクストだけではありません。

重要なのは、冒頭「活撥撥地」ですでに紹介した性質、すなわち躍動じたいが躍動的となる言葉そのものの自己肯定性という性質は、問答的言語空間すなわち対話的言語空間における「喝」の形でこそ正鵠を得るという点にあります。むしろ語のダイレクトな自己肯定性によって遂行される事象性（＝活撥撥地の活撥撥地性）よりも、問答によって遂行される事象性　—　事象的現在の抜け落ちた瞬間の直示つまり「喝」による事象的現在性　—　のほうが、あの十把一絡げへと傾きやすい言語一般の飛翔力における陥穽つまり「言葉の魔」をそれとして際立たせるにはより効果的であるわけです。独白の語によるより、対話相手の語を遮断する語（すなわち「喝」）によるほうが、むしろ活撥撥地は活撥撥地されやすいともいえるでしょうか。

この特殊な言語空間の重要な特徴として、以下では、問答内での語の出される〈間髪入れないタイミング〉という点に的を絞りたいと思います。個々の発語の繋がりのあの非連続的連続や、この非連続的連続ゆえの個々の発語自体の無駄のなさはもとより重要でした。しかしむしろこれらの重要契機をさらに下支えする基盤として、発語の時宜あるいは時機という契機が問答ではさらに重要であることが見てとれるからです。

三

モノローグの「示衆」に比してダイアローグの「行録」では、個々の発語の間合いが問答全体における無駄のなさにとっては必須でした。いまこれに加え、非連続的連続を保った過不足なきやりとりを形成するこの間合いという時間契機をあえて打ち破る否定の瞬間、すなわち間髪入れない「喝」の瞬間というさらなる時間契機が、宙に浮いた「自己」を着地させる禅の言語ゲームにとっては何にもまして枢要となります。むしろ逆に、「喝」という否定性を活かすには「問答」というダイアローグ形式によるしかなく、あまつさえその「喝」の否定性も「喝」の放たれる瞬間の如何にかかっています。

逡巡なき非連続的連続をなすべき問答全体におけるやりとりの間合いはそれ自体が卓抜なるタイミングの連続からなるものです。「喝」は、このいわば張りつめたタイミングの連続が破れる瞬間を逃さぬタイミングで放たれます。極限まで無駄を削ぎ落として進む問答のなかで、ことさら「喝」が出されずとも保たれていたそれまでの非連続的連続という張りつめた連続が、ひょんなことであきたりの公共的連続すなわち当たり障りのない弛緩した平均的連続へと傾きかけるまさにその瞬間に、これを断ち切るべく機を見てとる「喝」が出現するのです。このとき「喝」は、非連続的連続の失われる瞬間そのものをそれとして浮かび上がらせる仕方で「己の而今の活撥撥地」を照らし出し、同時に、己の而今を照らし出すという問答全体の意義をも照らし出します。

無駄なく上滑りなく空回りのない、機を逸することなき発語の連続、つまり右の非連続的連続の意義は、これ自身が失われる瞬間を機を逸することなく観てとる「喝」があってこそ気づかれます。為されるべき事が、為されるべき時に、為されるべき人によって為されているという、人・事・時の相関的成就すなわちあの〈出会い〉の成立が、語の発せられる時宜・時機の如何にかかっているのです。またこのような問答つまりは対話という一種の仕掛けなくして、人はこの〈出会い〉の果される己の而今の活撥撥地に戻ることはできません。おもえば「対話編」の主人公ソクラテスの「ダイモーン」にしてすでに、あの一般化した十把一絡げの規約的な言葉世界つまりある種の日常的公共性からソクラテスを引き離すかのごとく、計算外にしてなお卓抜なるタイミングで彼の水平的な日常に突如として垂直的に切れ込んでくる否定・禁止の声でした。水平化し弛緩した日常の時間の平均的連続性を打ち破って現れるこの声の否定性については、さらに次章において、ニーチェのいう「黄金の哄笑」という特殊な高笑いの秘める〈間髪入れない垂直的否定性〉として詳論しましょう。

さて、適切な機つまり好機ということに、語の語としての現成の如何が、そして事の事としての現成の如何がかかっているのでした。不発に終わる〈出会い〉すなわち機を逸しその場その瞬間を逃したら、言葉が宙に浮くだけでなく事も事欠き事切れる。遅れをとることへの不安ゆえに遅れをとらぬよう先読みし、この一種の計算によってかえってそのつどの好機を先送りしてしまう言葉のやりとり、すなわち上滑りして空回りする弛緩した言葉のやりとりでは言葉も事も宙に浮き、宙に浮く仕方で一切が台無しになるのです。大切なのは、真剣にコト（つまり仏）を求める禅者のコトバにしてすでにこの種の計算でしかないこと、このことにありました。事の外から事を先読みするこうした先送りによって、すなわち禅者をして己の而今を踏み外させる言葉の「魔」によって、やがて言葉は単なる記号と化し、事も事無きを得る（つまり無事となる）のでなくことさらにこととなる（つまり有事となる）でしょう。それらすべてを阻止するのが「臨済の喝」なのです。

事の端は、事の発端としてなら生きた力を保持しつつ、事の終端としてならすでに当初の力は尽きています。そうして力の尽きたまま独り歩きするコトのハ（言葉）は、事の成れの果てつまり成果としての概念的記号へと次第に抽象化しつつ凝固します。このままいけばこの記号はやがて機とは無関係に随時流通する汎用的・一般的・公共的記号へと出来上がり、さらにその汎用性・一般性・公共性をみずから亢進させもするでしょう。事と無関係に言葉を操る怜悧や饒舌、つまり機を窺う仕方で機を逃す弛緩した弱さは、言葉のこの汎用性・一般性・公共性の亢進と足並みをそろえています。この弱さは当の言葉のみならず事そのものをも踏み躙る弱さです。すなわちこの弱さゆえ、事から離れた言葉は、みずからがその部分であった事を、事の外から支配します。そしてこれが言葉の「魔」でした。翻っていうなら、言葉が物事を正しく表すか否かの手前で、そもそも機を逸しない言語行為 ― 沈黙も含め、無駄なく上滑りなく空回りのない、時宜を得た言語行為 ― になっているかどうかが、時宜を得て事を無事に収められるか否かにとっての、したがって言葉を「魔」にしないための、まさに一大事だということです。言葉を言葉とし物を物とするのはこの「時宜」や「時機」というタイミング、すなわち時間です。

こと、、が時間にかかっている、すなわち存在の意味は時間であるということです。こうした考えは曹洞禅における道元の『正法眼蔵』「有時」や、遠くは西欧の哲学者ハイデガーの『存在と時間』にも窺えます。いまの場合は、機を逸しない言語行為によって放たれるコトバこそが、〈言葉と事〉に分かれる前の〈コトのハ〉つまり事の部分としての言葉になっている、ということです。これに対し、言葉と物の分離あるいはコトバとコトの分離を前提した言語観は、状況に応じた適切な言語使用におけるさきの怜悧、すなわちコトの外に立った客観的で正確な言語遂行という一般的規範意識を生むでしょう。状況に応じた適切な言語使用に拘泥する前に、すなわち事から離れて事を支配する主体となる前に、われとわが身がすでに当の状況の一部でもあることが忘れられてはなりません。そして状況の部分となって状況を言葉へともたらすこと、それには時機に適った言語行為が必須です。「自己」という言葉にしてすでに、もとは〈自己〉というモノの記号的表示ではなく、深淵に臨み絶対者に向き合って時機過たず放たれる気概の表現でしかなかったことはすでに述べました。そして時宜に適った言語力は機を逸しないある種の生命的爆発力と別のものではありません。さらにこの生命的爆発力はあの「強者」の間髪入れない「消化力」にも見て取れました。さきに触れた道元の『正法眼蔵』における「有時」と相呼応する次の「勘弁」の問答は「臨済の四喝」として夙に有名です。

「師問僧、有時一喝、如金剛王寶劍。有時一喝、如踞地金毛獅子。有時一喝、如探竿影草。有

時一喝、不作一喝用。汝作麼生會。僧擬議。師便喝。」（「勘弁」二二）（現代語訳：「師が僧に問うた。ある時の一喝は金剛王宝剣のような凄味があり、ある時の一喝は獲物を狙う獅子のような威力があり、ある時の一喝はおびき寄せるはたらきをし、ある時の一喝は一喝のはたらきさえしない、それがわかるか、と。僧はもたついた。師はすかさず一喝した。」）

「働かない喝」とは説明された「喝」であり、その説明に飲まれる僧への一喝は「働く喝」です。そして働くにはタイミングが重要です。それどころか時宜・時機さえ外さねば、あたかも画に描いた餅のほうが本物の餅を上回るかのごとく、コトは自身の中に一種の高密度 dicht の部分をコトバ（つまり「創作」Dichtung）として突出させるとさえいえるでしょう。コトから押し出されるかのように生み出されてくるこのようなコトバ、たとえば詩 Dichtung の言葉はコトを説明する言葉ではなく、コトを宿した言葉であり、同時にそれは韻やリズムといった時間の契機を蔵しています。肝要なのは、そうした詩は一瞬の機を外さぬ生命的爆発力やあの消化力なくしては生起しないということです。詩も弛緩した言語世界に下される「喝」だといってもよいでしょう。

無重力では筋力が失われ、母国を離れれば母語が薄れて行くように、真に存在しようとしなければ真の言葉は消えるでしょう。とくに禅では言葉は修行者の筋力ともいいえる〈存在力〉の尺度だといえます。機を観て取る刹那のパワーすなわち話者の生命的爆発力を養うための負荷が禅という一種の重力場なのだとしたら、この筋力すなわち存在力がそのまま禅者の言葉の力です。そしてこの言葉の力つまり対話力は禅者の機を逸しない生命的爆発力と等価です。機を逸する瞬間放たれる喝も、それ自体が機を逸することなく放たれるからこその喝なのでした。

公共化された出来合いの言葉の平均的な規則なら、すなわち機とは無関係に受諾される公共的規則なら、そのような存在力も言語力も不要です。一瞬の機を観てとる存在力が激発的に生み出す言葉の力はしたがってさしずめ〈規則を創るという規則〉に従っているといってよいでしょう。機とは無関係の言葉の汎用的・一般的・公共的規則と、機を成分とする存在力と不可分の言葉の規則（＝規則を創るという規則）との関係は、あらかた現代のロジックと古代のロゴス（＝行為にして理法たることば）との関係にも比することができるかもしれません（この意味でのロゴスに関しては第五章の注三を参照）。

ちなみに、言葉の記号性よりもその事象性の重んじられる右の傾向はすでに第一章で述べた密教思想の「真言」mantraの言語観でも顕著でした。「真言」は、存在を存在の外から表示するものではなく、さりとて存在と一体化して消え去るものでもありませんでした。存在の中でよりよく存在し抜くとき（つまり状況の一部となって状況を言葉へともたらそうとするとき）、存在の内側からおのずと言葉は聞き取られ、かつその言葉つまり「真言」は当の存在のあらたなる一部となるのでした。こうした「因分可説果分可説」の立場、すなわち「悟り」のHow-to（＝因）のみならずその成果や中身（＝果）さえもが言語化できるとする立場から、機を逸することなく聞き取られた言語の総合的図示が「曼荼羅」です。ひとは窮地からの起死回生に際ししばしば曼荼羅を描く、とはユング派の臨床心理学などではよくいわれることです。仏と見《まみ》えるぎりぎりの窮境で放たれるのがあの「自己」zì-jǐ という発語であったように、ただのひとから本当の人つまり「真人」へと己を実現するときの曼荼羅の出現にも、逃してはならぬあの〈機〉が決定的だということです。

四

「活撥撥地」に並んで「示衆」で多用される言葉が「自在」すなわち「自由」でした。しばらくは問答を離れて、「示衆」での概念的本質論における自由論に戻りましょう。

「即今目前孤明歴歴地聴者、此人處處不滞、通貫十万、三界自在。」(「示衆」五)(現代語訳：「現にいま私の面前で独自の輝きを発しつつはっきりと［説法を］聴いている者、その君たちこそが、あらゆる場に臨んで滞らず、十方世界を貫いて三界に自由なのだ。」)

「你若欲得生死去住、脱著自由、即今識取聴法底人。無形無相、無根無本、無住處、活撥撥地。」(「示衆」六)(現代語訳：「君たちが、衣服を脱いだり着たりするように、自由に生死に出入りしたいと思うなら、いまそこで私の説法を聞いている当の本人を探し出せ。形なく姿なく、根も本もなく、場所もなく、ぴちぴちと躍動しているその者［つまり君たち自身］を見つけ出せ。」)

これまで見てきた「逢佛殺佛」と同じく、「自由」を論ずるこの「示衆」もまた、「(自由になりたいなら)自らを信じて己の而今に立ち返れ」という一事に集約されます。さきの「婆を打つ」を一例として見た「行録」「勘弁」の問答世界では、〈どのようにすれば自らを信じられますか〉と問えば、それ自体が自らを信じられない在り方そのものとして一喝されるのでした。こうした「喝」へと誘導するかのように、この「示衆」でも、「自らを信ずる」己となれば、すなわち「ぴちぴちとした躍動」すなわち己自身の「活撥撥地」に立てば、「悟り」も「寂滅」も「解放」も、そして「知恵」も「境地」も「菩薩」も「仏」も、すべてが囚われの「魔」すなわち「仏魔」だったことが見えてくるとされます。すなわち「自由」になれば、それら「悟り」や「菩薩」や「仏」といった語のすべてがむしろ「悟りという魔」「菩薩という魔」「仏という魔」に囚われずにいるための反面教師だったこと、このことがわかってくるというのです。「悟り」や「仏」等はすべて「自由」でいるための負の条件だったといってもよいでしょう。魔と化した囚われの在り方は「涅槃依」「解脱依」「境地依」「菩薩依」「仏依」等々ともいわれます。「仏」はそのまま「仏という魔」であり、したがってそのまま「仏」への依存症だということです。

しかしながらここ「示衆」では、「菩薩」や「仏」なるものの実的措定の回避に際し、むしろこれら「菩薩」や「仏」という語はその種の実的措定の回避の道具としてこそ生きてくるとされます。「仏」(=説法を聞いている本人)へと戻るために、当の「仏」(=説法に語られる仏)を回避せねばならぬということ自体が、「仏」（＝活撥撥地の現在そのもの）を通して自覚される、ということです。「仏」（＝説法に語られる仏）を殺す「仏」（＝説法を聞いている本人）が、「仏」（＝己の活撥撥地の現在そのもの）としてリアライズする（つまり悟る）わけです。ここで「仏」という語を「自由」という語に替えてもよいでしょう。自由を悟るのではなく、自由に悟るのでもなく、悟りから自由になることが大切だということです。「言葉の魔」から解放されてはじめて真の言葉へと立ち出でるように、悟ることへの依存症から解放されることが「悟る」ことへの第一歩となるわけです。「悟り」とは、あるいは「仏を悟る」とは、畢竟、ありもしないものへの執着から人を救い出すために編み出された一種のシ、ナ、リ、オ、でしかないのです。「仏」や「悟り」に限らず、使命や身分や経歴等、自己や世界を形作る一切のシナリオから己を解き放って現れるもの、それが〈己の而今〉であり、己がはじめからそれであった〈己の活撥撥地〉だったわけです。

一九世紀のイタリア語 scenario ―「オペラの一場合」や「劇的な独唱部」の意から来る scena ― からそのまま採られた語「シナリオ」scenario は、もともと「脚本、台本」そして「予定の計画」や「筋書」を意味する俗語です。「閑機境」「閑塵境」「鋪地錦」（＝古人の使った罠、落とし穴、道具の意）等、人をして或る型や境地に誘い込む罠の意を有するこれらの禅語 ― したがって現代語訳では「型」や「境」と訳される語 ― の英訳に際し、さきの入矢はこの俗語 scenario を充てました（注二）。これを踏まえて、過去や現在はもちろんむしろ未来さえも既存の「筋書」に沿ってしか生きられぬ私たちに、『臨済録』は、ひとのシナリオに乗るな、逆に相手のシナリオにつけこめ、と教えることになります。相手のシナリオにつけこむとは、みずからは何のシナリオもなくただ相手の求めに応じて臨機応変ということです。この臨機応変を「水に映る月」に譬える次の「示衆」を見てください。

「若或人出来、問我求佛、我即応清浄境出。或人問我菩薩、我即応慈悲境出。或人問我菩提、我即応浄妙境出。或人問我涅槃、我即応寂静境出。境即萬般差別、人即不別。所以応物現形、如水中月。」(「示衆」八)(現代語訳:「もしだれかが私に仏を求めたら、私は清浄の境として現れる。もし菩薩を求めたならば、私は慈悲の境として現れる。もし菩提を求めたならば、私は清浄微妙の境として現れる。もし涅槃を求めたならば、私は寂静の境として現れる。その境は千差万別であるがこちらは同一人だ。だからこそ、相手に応じて形を現すこと、あたかも水に映る月のごとしというわけだ。」)

こうして「水に映る月」の臨機応変すなわち「自由」でいるために、相手の求めに応じるのみでこちらからは「何も求めるな」と教える右の「教え」も、あるいは出会われるものの一切を「殺せ」と教えるさきの「教え」も、しかしながらともに求められてはならぬものであり、したがって殺されるべきものの例外ではありません。この「教え」もまた「魔」となるということです。そうして〈この教えもまた魔となる〉という教えもまたしかり。それどころかこうしたロジックでは、そもそも「水に映る月」や「自由」さえもがすぐに「魔」と化すはずです。右の「シナリオ」でいうなら、「一切はシナリオに沿っている」という教えもまたシナリオに沿っているということです。「シナリオ」という存在それ自体を絶対視した瞬間「魔」に囚われるわけです。

　問答では、こうして続く無限の系列をどこまでも耐え抜くことが要求され、耐えきれなくなって「魔」に呑まれた瞬間　―　つまりコトから離れた言葉によってありもしないものへの執着へと落ちた瞬間　―　「喝！」となるのでした。これが、現在にあって現在から転がり落ちた瞬間すなわち機を逸した瞬間の「喝」でもあることは前節で述べました。これに対しいまは、「一切はシナリオに沿っている」という命題そのものに、いわゆる「嘘つきのパラドクス」よろしく、いかなるシナリオも相対化させて宙に浮かせる方途と、したがってこの命題自身をも宙に浮かせる一種の自爆装置とを見ておきましょう。これについては後述しましょう。

　さて、同じ禅でも道元の曹洞禅ではこの無限系列　―　すなわち、一切はシナリオに沿っている、というシナリオに沿っている、というシナリオに沿っている、という……、とどこまでも続く系列　―　を一種の混沌と見、かかる混沌をなおも「葛藤」と名付けて諦めません（＝明らめない、つまり混沌の原因をことさらに明らかにしようとしない）。「はじめに」で述べたように、もともと禅では文字言語それ自体がすでに「葛藤」と呼ばれるのでした。いまやこの意味での文字言語がその本性を露呈してくるのがこの混沌としての「葛藤」です。「葛藤」という語そのものがもともとトリッキーつまりは葛藤的だということです。それはどういうことでしょうか。

「仏」というも「仏を殺せ」というも、さらには「〈仏を殺せ〉という教えを殺せ」というも、テクストが言葉なくして成り立たない以上、臨済禅、曹洞禅の如何を問わずおよそ禅のテクストはすべて「葛藤」です。言語的分別による時間的遅れと空間的硬直化がこの「葛藤」のもとにはあるのでした。問題は、混沌が、目下の場合「葛藤」として、なおも各々の字句である「葛」や「藤」の指示対象と、「葛藤」という名辞そのものの名指す〈混沌とした事態〉という指示対象との、二つの指示対象によって表現されているという点にあります。

先に、「一切はシナリオに沿っている」という命題の中に、いかなるシナリオも相対化させて宙に浮かせる構図と、この命題自身も宙に浮かせる自爆装置とを見ておく、と前置きしておきました。ここで、宙に浮く側と宙に浮かせる側との間にいわゆる「タイプ（階型）」の差異を設けて事態を明らかにする行き方（＝アキラメ方）とは違って、むしろこの自爆装置を解除せず、あえてこれを起動させようと思います。本章の終りにあたり、「葛藤が葛藤的」ということとともに右の二つの指示対象の連繋について一瞥し、次章への準備としましょう。

*

一般には、行き詰まってウロウロする袋小路をなおもこうして「葛藤」と言い繋ぐところに、すなわち袋小路の大本をあえて〈明らめない〉ところに、禅はいわゆる「隻手の声」を聴く、と言われます。江戸中期の臨済宗の僧、白隠（一六八五―一七六八）が、両手で打てば音が出る手も片手ではどんな音を出すのか、と参禅者に問うたこの「隻手音声（せきしゅおんじょう）」は、概念的分別知を超えたものを「隻手」「音声」という概念的分別によって指示しつつ、その概念的分別知自体をそれの出自へと差し戻す効果を持っています。

「葛藤」についても同様です。そもそも葛藤する者すなわち溺れる者なら藁をも掴むのであって、溺れる事態を描写はしません。こうして概念的分別を超え人知を超えているからこそ葛藤するのであってみれば、もはや「葛藤」としてこれを概念的に表記すること自体すでにこの時点で時機・時宜を外しています。このいわば曰く付きの「葛藤」が、己の出自を忘れ己の分際を超えて機能しはじめるとき、つまり葛藤なる実的事態の単なる概念的表示として独り歩きしはじめ「魔」と化すとき、臨済禅では「喝」となり、曹洞禅では本当の袋小路へと迷い込むものと看破されます（さきの「タイプ」による解決・アキラメはその迷い込みの一例です）。

これに対し、ここでは「葛藤」という表記におけるさきの裏と表の二つの指示対象間の連繫に注目してみましょう。すなわち、「混沌とした事態」という指示対象（裏）と、「葛と藤」という実際の蔓性植物という指示対象（表）との二つの指示対象の同時成立という特殊な事情に拘ってみましょう。なぜなら、ここでは、「混沌とした事態」という指示対象の存在措定と、「葛と藤」というもう一つの指示対象つまり実際の蔓性植物の存在措定とが、いわば互いの措定をともにおのずと宙に浮かせあう（つまり葛藤を生じさせる）からです。「曰く付き」と先に述べた点と併せ、「葛藤」そのものが葛藤的とはこういうことです。

ポイントはそのとき次の問いが浮上することにあります。すなわち、そもそも脱出できぬ袋小路を私たちはなぜ「葛藤」として、一見、混沌や窮境とは無関係な「葛」や「藤」といった蔓性植物の名で表示するのであるか、という問いです。裏と表の二つの指示対象が双方の実的な措定を互いに宙に浮かせ合って相殺し、そのことが必然的に、葛藤なる事態は「葛藤」という表記を必ずしも必要としないのではないか、と問いかけてくるのです。混沌を招き葛藤を齎すあの命題すなわち「一切はシナリオに沿っている、というシナリオに沿っている、というシナリオに沿っている……」という命題の自爆装置がここで起動したわけです。

「葛藤」はそれ自体が農耕文化における耕作時の障害、つまり葛や藤の蔓や蔦が絡まることによる開墾・耕作作業時の意のままならぬ困難を背景にした概念です。葛や藤の蔓が幾重にも巻きついて発端と終端のわからなくなったこの状況はときに「葫蘆藤種纏葫蘆」（「ウルテンシュテンウル」と読む）とも呼ばれます。「ウルテンシュテンウル」とは「ウロウロする」ということです。このことから、「放てば満てり」（道元『正法眼蔵』、「現成公案」）――纏れ合い絡み合った状況下で進むに進めぬ袋小路（つまり葛藤）に面して、むしろこれを自然に任せ委ねる（＝「放つ」）ことでかえって自由を取り戻す（＝「満てり」）――という論理は農耕社会特有の論理である、と柳田聖山は述べています。「纏れ合い絡み合った状況」すなわち「進むに進めぬ袋小路」ということを表すのになにも「葛藤」と表記する必要はないということです。

次章「哄笑と嘲笑」では、一切を自然に委ねるこうした農耕的論理とは別の論理による別の〈袋小路の打破〉を述べましょう。農耕的論理において「喝」が果した役割――つまりウロウロする袋小路に面して「身心脱落」へと落ち着かせる解放　―　をその別の論理で果たすのは、もはや己を超えた自然のありのままではなく、しかし単なる自己の主体的決断でもありません。それを次章ではある種の〈笑い〉の秘める高次・高度な切断力に見てみましょう。

注

一　「撥」の手偏が魚偏になることもあるが、「活発」よりも一段上の、魚がぴちぴちと飛び跳ねるように威勢の良い「躍動」をいうこの言葉は禅のテクスト『臨済録』（臨済禅）や道元の『正法眼蔵』（曹洞禅）等で頻繁に使用され、古くは敦煌文書の『歴代法宝記』にも現れる。宋代の『中庸』（程子）第十二章の説明に用いられたことから、この語が禅語か俗語かを巡る議論は今も続いており、手偏が三水となった「活潑潑地」の形でなら現代の『広辞苑』にも載っている。「活撥撥地」に関して、同様の「躍動」の意味を有する jump（英）、Sprung（独）、élan（仏）等についても、それぞれやはりネイティブには似た躍動的音声効果があると聞く。なお、「活撥撥地」に類する用語法は他にも「露堂堂」「目前歴歴」「赤裸裸」等、『臨済録』や他の禅のテクストでも少なからず見受けられる。「即今」や「而今」への直接帰入である「堂堂」「歴歴」たる「赤裸裸」な様が「どうどう」「れきれき」という音声そのものに「せきらら」に滲み出る。ちなみに古代中国の歌では歌詞の字数が同じならメロディーも同じになる。字が事を宿しているのである。

二　Yoshitaka Iriya, Ruth Fuller Sasaki, *The Recorded Sayings of Ch'an Master, Lin-chi*, 1974

使用テクスト

入矢義高訳注『臨済録』、岩波文庫、二〇〇七
柳田聖山訳『臨済録』、中央公論新社、二〇〇四
柳田聖山「日本的霊性としての良寛」、『良寛道人遺稿』中央公論社
ニーチェのテクストは de Gruyter 文庫の新版（一九九九）を使用し、手塚富雄（中央公論社）、竹山道雄（新潮社）、浅井真男（筑摩書房）諸氏の訳業を参照した。

四章　哄笑と嘲笑

I　機と笑い

はじめに

笑いを「思慮深き者」denkender Kopf の克服すべき人間の欠陥と考えるヨーロッパの伝統（典型はホッブズ）に抗し、ニーチェは、逆にむしろ笑いこそが「思慮深き者」のランクを決定し、ひいては人間そのもののランクをも決定すると考えました。彼はその最上位の笑いを「黄金の哄笑」das goldene Gelächter と呼び、この「哄笑」が「嘲笑」でもあることを前提してこう述べます。

「神々は嘲笑を好む。神々は神聖な行事の際にすら笑いを止め得ない。」（Götter sind spottlustig: es scheint, sie können selbst bei heiligen Handlungen das Lachen nicht lassen.）（『善悪の彼岸』第九章、二九四）

ここにいわれる「神々」のひとりが「ディオニュソス」です。ニーチェは、このディオニュソス的笑いを担う情緒を、「高い」vornehm, edel, hochgeartet 生が「低い」生に対して持つ「持続的・全体的根本感情」と規定し、これを「距離のパトス」Pathos der Distanz と表現しました（『道徳の系譜』第一論文、二、『善悪の彼岸』第九章、二五七）。まずはこの「距離」Distanz の特殊性、したがって「高さ」Edelheit の特殊性を、あの世阿弥の思想に見られる〈高さ〉や〈距離〉との対比を通して、呵々大笑という禅の笑いの本質規定に資する形へと読み換えてみましょう。

一

本書でこれまでにも触れた「初心不可忘」（初心忘るべからず）― 当初の未熟さを忘れるな ― は、芸道の出発点から終着点に至るまで終始己の芸を落とさずに居続けよとの教え、すなわち、いかなるときも己の現在を〈低い〉と捉えることの出来る〈高さ〉に身を置くべしとの教えでした。そのつどの己の芸の質や程度についての自覚的・客観的評価である「後心」の正しさはひとえにこの「初心」を忘れぬ意識の高さに託されます（世阿弥『花鏡』「事書」第一八条）。この〈高さ〉はどこまでも己を低いと知る高さであり、したがってそれはおよそ人の到達できるものならことごとくこれを〈低い〉とする高さへと ― ひいては人の到達し得ぬもの、たとえば聖なるものでさえ〈低い〉と見得る高さへと ― 可能的に開けているのでした。

一方、ニーチェも、右の「神々の嘲笑」の一種の人間的モデルを「芸術家が己の偉大さの最後の頂点に立つとき」に見ており、それをさらにこう表現しています。「自分と自分の芸術を足下に見下ろすことができるとき、すなわち自分を笑うことができるとき」（『道徳の系譜』第三論文、三）。さらに、この『善悪の彼岸』や『道徳の系譜』をみずからの解題として従える主著『ツァラトゥストラはこう言った』では、「自分自身を笑うこと」や「自分を乗り越えて笑うこと」が「創造」の条件とされています（第四・最終部、「高人（増しな人）」一五〜二〇）。いいかえるなら、禅思想を基調とする世阿弥のアイデアの右の拡張（＝「初心」の持つ可能的高さ）は、ニーチェのいう、神聖なものをも嘲笑う「神々の嘲笑」つまり「黄金の哄笑」における「高貴な生」の「高さ」との、構造的な同形性にまで達し得るということです。

ただし後者の「黄金の哄笑」には、こうした高低差すなわち自分自身の中に開けるある種の差別相にいわば逆対応的に立ち上がる無差別相も含まれます。ニーチェと似た視点から「微笑」と「哄笑」について書かれた以下の一節を見てください。

「「哄笑」は全てを笑う。硬直を笑い、偏りを笑い、行き過ぎを笑い、出来合いの価値観への埋没を笑う。また陽気で不躾であり、弾力性に富み、創造性と同時に破壊性を合わせ持つ。それに自他についての執着というものがない。「哄笑」には「微笑」のもつ一種の腐臭、湿りというものがない。」（小形さとる「俳句論攷・微笑と哄笑」、俳誌『槐』所収）

「微笑」の優しさがときに計算高い狡猾さや頑固な非寛容を隠し持つのに対し、「哄笑」のもつ爽快な否定力は他者に対してはもちろんもともと自己にさえも容赦ありません。相手も自分も包み込むかのような「微笑」の包容力とは違って、相手も自分も粉砕する「哄笑」の無差別的な破壊力は、ニーチェのいうように、〈高い生〉から下される〈低い生〉への生理現象でもあるかのようです。「微笑」の包容力が差別を包み込む無差別なら、「哄笑」のそれは差別を粉砕する無差別です。くわえてこの引用から窺える「微笑」の怜悧な包容力は、たとえばベルクソンのいう「閉じた社会」――本能的習慣や制度による威圧の支配する社会――の維持・保存に役立ちますが、「哄笑」の直線的な破壊力はそうして閉じようとする社会をときにその内側から開かせます。

この「哄笑」の背景となっているのが禅に謂われる笑いすなわち呵呵大笑です。このばあい「呵呵」の度合いが「哄笑」の無差別性の度合いを、したがってその破壊力と創造力の度合いを表します。あえて違いをいうならば、呵呵大笑が地の底から湧いてくるような低音の笑いであるのに対し、「哄笑」は天から降ってくるかのごとくの高音の笑いです。ここで大切なのは、この意味での「哄笑」のもつ爽快な否定力、すなわち自己にも他者にも容赦ないその無差別的粉砕力は、この笑いが機を逸することなく放たれてこそ現れるという点にあります。「哄笑」の破壊力や創造力にとっての最重要契機の一つが、前章での「喝」の場合と同様にその特殊な時間性にあるということです。以下では、半ばニーチェ的で半ば禅的なこの「哄笑」のあり方に沿いつつ、あらためてその主体、つまり自分をこそ粉砕する笑いの主体の在処を探ってみたいと思います。

二

「臨済の喝」で述べたように、遅れをとらないよう先読みする怜悧によってかえって事の端としての言葉を先送りする言葉のやりとり、つまり出会いを不発に終わらせる弛緩した言葉のやりとりは、その上滑りして空回りする怜悧とともに常にある種の他意を秘めているのでした。同様に、さきの「微笑」という笑いでも、やはり出会いを不発に終わらせるその「微笑」の「腐臭」や「湿り」は、当たり障りなきこの「微笑」が常に底意を秘めていることに起因します。こうした「微笑」の時間性——先読み、先送りという計算的時間性——とは別の、あの「喝」と共通する時間性に与る「哄笑」、すなわち機を逸することなく間髪入れない呵呵大笑は、したがって他意や底意のない後腐れなき笑い、先読みせず後を引かない仕方で出会いを出会いならしめるドライな〈笑いそのもの〉ともいえるでしょう。

他意・底意を秘めるみずからの本性のゆえに互いに腹を探り合う「微笑」に対し、その〈腹〉自体が原理的に存在しない「哄笑」の、遅れず・先読みせず・後を引かない時間性は、深入りせず当たり障りのない「微笑」の水平的な時間性に垂直に切れ込むいわば縦方向の成分を有しています。横方向に間延びする弛緩した時間とは異なった、一種の張力を持つこの垂直的時間に与ったとき、「喝」と同じく「哄笑」の切断力は「微笑」の闇をも断ち切ります。その瞬間「哄笑」は「微笑」をも笑い飛ばすということです。前章で述べた「臨済の四喝」の一つ、すなわち「金剛王宝剣のような凄味」（『臨済録』、「勘弁」二一）とまでいわれる「喝」の切断力が魔物を断ち切る剣のそれならば、「哄笑」のこの粉砕力は淀んだ闇を吹き飛ばす一陣の風のそれともいえるでしょうか。

　しかしここで、「喝」と同等の力を持つこの「哄笑」には、みずから機を観て取る「喝」の主体性とは異なった、あるいはそれをむしろ一歩深めた特徴のあることも気づかれます。機に際してみずから機を観て取る「喝」はそのぶん個人の発意や決意に多くを負っています。これに対して「哄笑」は、笑う本人にとってももっぱらおのずと出現し、発意や決意の手前で不意に思いがけなく訪れます。呵呵大笑が地の底から湧いてくるような低音の笑いなら、「哄笑」は天から降ってくるかのごとくの高音の笑いである、とさきに述べました。この意味で、いわば降って湧いたかのように出現する「哄笑」の垂直性は、「喝」のそれを上回る垂直性を秘めているということです。「喝」の切断的垂直性がアポロン的自由をその遊戯性において演じているとするなら、「哄笑」の無差別的垂直性はディオニュソス的非恣意性といってもよいでしょうか。あるいは、前者が遊ぶ主体なら、後者は遊ばれる――弄ばれる――主体です。そのつど何かを期する「微笑」に対し、期せずして起こる「哄笑」の出現は笑う主体にとっても計算外だということです（注二）。

　およそ笑い飛ばされるべきものなら他人にも自分にも容赦ないこうした「哄笑」の計算外の無差別性、すなわちディオニュソス的非恣意性は、もともと生の秘めるあの高さから来ているのでした。そしてその高さはなにより己自身をあざ笑う高さでもありました。ニーチェ自身も述べていたように、この高さは、「強者」と「弱者」との距離を前提する以上に、自分を笑い飛ばすものとしてならば

「強者」自身における己自身との距離にこそ与っています。ならば、はじめに世阿弥を介して見たニーチェの「距離のパトス」における距離性は、一方では世阿弥の「初心不可忘」における自己自身との距離性に通じつつも、他方では同じ世阿弥の『花鏡』に謳われる「離見の見」での特殊な距離性のほうにも通ずるものであることがわかってきます。このことに少しふれておきましょう。

目は前を向いても心を後ろに置くいわゆる「目前心後」によって、見物と同じ心でシテが己の後ろ姿を見通すのが「離見の見」です。ちょうど極度に集中したスポーツ選手がときに自分でも予想外の好記録を出すように（俗にいう「ゾーン」や「フロー」）、あるいは己の生命の危機に瀕してあたかも何者かに導かれるように危機を脱する瞬間にも似て（いわゆる「サードマン現象」）、役に集中し没入したシテの中にかえって己を己の外から眺めるような感覚が現れる。それは演者と客の間で生じる距離が演者自身において実現されるときの「見」でもあります（『花鏡』第六「舞声為根」）。「初心不可忘」での自分を見下ろす高さがここ「離見」では自分を後ろから見る奥行きとして現れているのです。大切なのは、「初心不可忘」を可能ならしめる距離が意志的主体性の高さや強さに帰趨・比例するのに対し、「離見の見」を可能ならしめる距離はそうした意志的主体性の計算外に出現する、という点にあります。（世阿弥の芸道論では最終的にこの「離見」さえ随意に操れる境地が目指されます。）

先述した「喝」と「哄笑」の二つの主体性の違い――いうならば前者は〈みずから〉後者は〈おのずから〉――に呼応するかのように、ここでの「初心」と「離見」の間にも、計算という点を巡って決定的な差異を認めることができるということです。およそ一切の計算の手前にみずから立つのが「初心不可忘」の意識なら、一切の計算の尽きたあとにおのずと出現するのが「離見の見」といえるでしょうか。「喝」の主体が遊ぶ主体なら、「哄笑」のそれは遊ばれる ― 弄ばれる ― 主体であるとして、すでに両者の相違をいわゆる能動・受動の枠組みで述べました。いまやこの枠組みを踏み越えて、〈やろうとしなければできないが、やろうとしてもできない〉という、能動ではないがしかし受動でもない特殊な主体性を、「初心」よりも「離見」のほうに、そして「喝」よりも「哄笑」のほうにより色濃く認めることができるということです。

三

ところで一般に笑いは、「こわばった raideur 生に対する生自身からの社会的制裁」として、一部は社会学的・心理学的視点から一部は生物学的・人類学的視点からなされる、ベルクソンの「笑い」の規定からも理解できるものです。この規定における「こわばった生」は、ベルクソンによるなら、日常の中にときに出現する「出来合いの生」「機械的な生」「自動的な生」等の「ぎこちない生」です。「微笑」との比較によるさきの「哄笑」も、これが「硬直を笑い、偏りを笑い、行き過ぎを笑い、出来合いの価値観への埋没を笑う」点では同じです。

しかしそうであってみれば、こうした意味での「こわばり」すなわち本来のしなやかさの失われた生の「硬直」は、そうした日常のなかに現れる滑稽な動作よりも、むしろ進退きわまって身動きとれぬ非日常的な拮抗状態でこそ、さらにはその種の非日常的窮境の極限における死活の限界状況でこそ、それだけより度の高まったものとして現れるのではないでしょうか。この状況、すなわち前章で述べたあの「葛藤」をまさに「葛藤」ならしめるもの、つまり抜け道無き窮境としての「生のこわばり」や「生の硬直」の極限形を、したがってここではベルクソンのいう「こわばり」をあえて敷衍・拡大し、生が生としては絶望するときの、極端にいえば自殺者のそれ、あえていうなら「窮鼠猫を噛む」袋小路のそれとしてみましょう。「自殺者」も「窮鼠」も、余地・余力なき極限で我を忘れた忘我の姿にして、そのゆえにかえって我に執着する我執の頂点としての〈こわばり・硬直〉の極致だということです。

そして葛藤の袋小路であるこの絶望の深淵で、むしろ「仏」なる絶対者と相見え、それがため我に返って我を取り戻し、同時に我への執着が消えて腹の据わる瞬間に放たれる一人称的呼称、それが「自己 zì-jǐ」なる言葉の由来であったことも前章で紹介しました。さきの「ゾーン」や「サードマン」のように、この「自己」も、その由来からして非人称的次元の匂いを留めつつも、なおもそこからいわば躍り出てきたものともいえるでしょう。ここすなわち「自己」の躍り出る緊張の場面では、しかしながらこのもともとの気概の声としての「自己」がまさに「自己」として躍り出るその瞬間そのものが、実はそうであるがゆえにむしろかくもこわばった絶望の瞬間でもあったことが、そして一歩間違えば当の「自己」を失う硬直した瞬間でもあったことがあらためて注目されねばなりません。

こわばり・硬直の頂点たる絶望的窮境という袋小路でこそ、こわばりから解き放つものとしての笑いの真価はより鮮明に現れ得るからです。

この笑いからするならば、絶望の深淵に臨んで放たれる右の「自己 zì-jǐ」という気概の声さえもが、これが躍り出るまさにその瞬間に、その深い覚悟のさらにより深部から来る笑い声によって、あるいはその高き決意のさらに上空から来る笑い声によって、おそらくはすでに宙に浮いてしまっているでしょう。この底無しにして底抜けの笑いにとっては、もはやいかに深き「自己」たる覚悟も底が知れており、いかに高き「自己」たる矜持も背伸びと選ぶ所がないからです。「ゾーン」に入ったスポーツ選手にときに〈神が降りる〉といわれるように、人間的絶望の果てにふと現れるこうした笑いもいうならば神々のものかもしれません。神の降りるその自己は、降りる神からすれば取るに足らぬ木端だということです。ベルクソンのいう「笑い」の敷衍・拡大としての ―― あるいはベルクソン的「笑い」の埒外にある ―― この笑いは、気概としての「自己」の出される真剣さをも嘲笑うあの「神々の嘲笑」に近いものとなるでしょう。予期せぬ計算外の呵呵大笑にして、仏と見《まみ》えるほど神聖たり得る限界状況をもなお嘲笑う ―― ある意味では常軌を逸した ―― 嘲笑、まずはこれがこの笑いの基本的特徴です。以下ではこれを〈哄笑的嘲笑〉と呼ぶことにしましょう。深い葛藤をもたらすこわばりをしかし一瞬にして解く力として、最も笑いらしいこの笑いすなわち哄笑的嘲笑は現れます。

ここでは、前章末尾で触れたあの「葛藤」の文化すなわち「葛」や「藤」の蔓に一喜一憂する農耕文化での、やむを得ぬ行き詰まりを自然にゆだねて自由を取り戻すという論理すなわち〈農耕の論理〉が、行き詰まった己をなお笑い飛ばす高次の己の出現という論理、いうならば〈高さの論理〉にとって代わります。これはニーチェの「距離のパトス」にも世阿弥の芸道論にも現れた論理です。寄せる波に逆行して沖へと向かう波つまり離岸流を意味する語、リップカレント rip current は、同時に心の中の相反する流れに行き詰まる「葛藤」の意を有します（つまり前章で述べたように葛藤は「葛藤」という表記だけにかぎらないということです）。相反する流れをともに海に帰して（つまり自然にゆだねて）拮抗を抜け出るのが〈農耕の論理〉なら、相反する波はおろかおよそ一切の波を取るに足らぬ細波と見下ろすのが〈高さの論理〉です。前者はあらためて大海に向き合い、後者ははじめから大洋の側に立っています。

この〈高さの論理〉における哄笑的嘲笑は、笑う主体の計算外で、不意に、期せずして、しかし機を逸することなく訪れます。それだけではありません。生きとし生けるものへの無差別的共感の能力としてなら慈悲の、憐れみの欠片もなく絶望者を見下ろす高見としてなら無慈悲の、二つの対蹠的性質を同時にこの哄笑的嘲笑は秘めています。最も慈悲深い無慈悲とも言い得るこの笑いには、もはや「慈悲―無慈悲」といった類型も、すなわち〈共感か傍観か〉という類型も通用しないということです。

「最高の山頂に登っている者は一切の悲・劇 Trauer-Spiel を笑い、一切のくそ真面目 Trauer-

Ernst を笑う。」(『ツァラトゥストラ』第一部「読むことと書くこと」)

ニーチェのいうこの「山頂」も、しかし右の哄笑的嘲笑にとっては無実体、その意味では笑い種《ぐさ》となるでしょう。そのような笑いにはそもそも底がないように、また頂も存在しないということです。深淵に臨んで覚悟する前に、その深淵自体がこの笑いにとっては幻でしかないわけです。重要な点は、深淵に臨む「気概としての自己」というノエシス的自己つまりある種の能産的作用そのものを、なおもモノ的にして所産的なノエマ的存在(つまり笑い種)でしかないとみなせる、いわば高次のノエシスがあるということ、ここにあります。自身がどこまでも所産つまり出来上がったものにはならないのがこの高次のノエシスです。出来上がろうとするたびにこれを打ち壊し、自己をその出自へと連れ戻す、ひいては自己を自己としてはいつまでも始めさせない、その基盤としての〈働きそのもの〉がここに顕現しているということです。

以下に展開する高さの論理における哄笑的嘲笑では、こわばりや硬直の頂点でのこの声は、〈自己という気概の声〉ではなく、むしろこの気概をも宙に浮かせる笑い声、すなわちノエシスをもノエマにする高次のノエシスなのだとしてみましょう。モノとしての自己が働きそのものとしての自己へと連れ戻されるときの、一切のモノ性を払拭した〈働きそのもの〉を、私は笑いという働きとして見出してみたいのです。奇妙ではありますが、自己が笑うのではなく、その自己自体が笑いと化すのです。自己が笑いと化すとは、そもそも自己とは笑いという働きそのものであり、かつその自己に笑われる自己は笑い種としてのモノ自己だということです。引き締まった蕾が緩んで花と咲くように、深いこわばりの解けるこの笑いは咲《わら》うことでもあります。

四

しかし問題が残ります。こうして気概が気概としては脱落し、自己それ自体が笑いと化すところで、すなわち〈出来上がった自己〉の一切が払拭され、モノ的自己性が根こそぎ払拭されるところで、なおも己の而今たる〈己〉とはなにごとでしょうか。つまり、降って湧いたかのように訪れ、出来上がったモノとしての己のいわば底を抜く、あの底抜けの笑いという〈働きそのもの〉を、なおも己の働きと呼び得るのはなぜか。いいかえるなら、かの計算外の主体性、さきには非人称的あるいは神的とまで述べたあのディオニュソス的非恣意性に「遊ばれ」「弄ばれる」存在が、それでもなお主体的といい得るのはなぜなのか。〈農耕の論理〉では自然のありのままへと解消される〈己〉も、ここ〈高さの論理〉ではどこまでも自身の高さを亢進させる〈己〉なのでした。かくして、己を〈かくも低い最低の存在〉と笑い飛ばすこの〈己〉、すなわち、意志的・主体的自我でもなく自然に委ねられた無我でもない、おのずから不意に訪れる哄笑的嘲笑の〈己〉とは誰であり、それを神と呼ばぬなら、いったいここでは何者が笑って（咲って）いるのでしょうか。

もとよりこの笑いは進退きわまった困窮の頂点で開ける一種の脱力感や解放感を伴っていました。

哄笑的嘲笑の現れる瞬間、つまり己の底が抜ける瞬間とは、かの自殺者の例でいうなら、切羽詰まった自縛の頂点でむしろその自縛の解ける（＝咲う）瞬間です。それは八方塞そのものに一種の外部性が出現する瞬間でもあります。膝が笑う、すなわち力を入れすぎた膝が限界を超えてゆるむように、「自己」なる声の放たれるべき気概が気概としてはむしろ脱臼する瞬間といってもよいでしょう。絶望という〈一巻の終わり〉が、当の絶望の只中で、かえって己の真の現在（＝而今）への立ち返りの機縁ともなってくる。「ゾーン」に立つ者には結果としての勝敗が重みを失うように、この而今に立ち返った己つまり笑いと化した己には、己の自殺行為はおろか、己へのこだわりそのものが、ひいてはその己という存在そのものがもはや馬鹿らしい笑い種なのでした。

こうして〈一巻の終わり〉がむしろ〈第二巻〉〈第三巻〉への機縁となるこの而今、すなわち笑うことが咲うことでもあるこれら〈第一巻〉〈第二巻〉〈第三巻〉等々を超え包む全体は、農耕社会の葛藤の論理つまり農耕の論理では自然のありのままでしたが、目下の高さの論理では自身を亢進させる高さです。それは主体の計算外で、予期せず、不意に、機を逸することなく、おのずから降って湧いたかのように訪れる笑いの主体の〈いま・ここ〉でもあります。この〈おのずから〉つまり〈己ツ柄〉の〈己〉という存在の正体（＝柄）、これが目下の問いの主題です（注二）。

ここで、こうした高さの極致に立つならば、実は日常のしなやかな生でさえすでにこわばっていることに目を転じましょう。すなわち、さきに見たベルクソン自身の「笑い」の規定の出発点だった日常のしなやかさ、つまりそれ自体は「こわばり」の対極に位置するはずの日々のしなやかな日常そのものが、ベルクソンの意に反して、まさにその日常の本性のゆえにむしろ〈こわばり〉の極致となることに目を転じましょう。そしてこのことが、さきほどからの懸案の問い ― 何が自己を笑い種にするのであるか、おのずから（己ツカラ）降って湧く笑いの〈己〉とは何者か ― に答えるための基盤となります。それはどういうことでしょうか。

元来、日常が日常であるかぎり、それは本質的に昨日も今日も同じことの繰り返し、つまりは習慣的反復にして自動的・機械的生です。ベルクソンに倣って、笑われるべきは「出来合いの生」「機械的な生」「自動的な生」だというのなら、むしろ普段の我々の日常の生そのものが、はじめから笑い飛ばされるべき「出来合いの生」「機械的な生」「自動的な生」たる「ぎこちない生」だということになります。日常の中にときに現れるぎこちなさを笑うその日常からしてすでにぎこちないのであり、良識なき偏りを笑うボン・サンスにしてすでに笑われるべき偏りの極みだということです。日常の「硬直を笑い、偏りを笑い、行き過ぎを笑い、出来合いの価値観への埋没を笑う」あの「哄笑」も、もとはといえば日常的に交わされる「微笑」をこそ笑っていたのでした。ベルクソンが『笑い』で採り上げた例、つまり星の観察に没入して溝にはまったタレスの「こわばり」を笑った下女のしなやかな良識そのものが、こうしてすでに笑われるべき〈こわばり〉でしかないとき、ならばこの良識を笑うのはだれなのでしょう。すなわち、日常からの逸脱を笑う良識的な笑いの足元 ― 円滑で偏りのない平生のそつなきしなやかさや穏当な日常的バランス感覚 ― そのものがすでに笑われるべき逸脱・偏り・硬直でしかないとき、この日常を、ならばだれが笑うのか（あるいは何が咲うのか）、これが先ほどからの懸案の問いの目下の形です。

思い出しましょう。何者が真剣にして神聖な自己をも笑い種にするのであるか、というはじめの問いは、ベルクソンのいう「こわばり」をあえて前方へと極端化させて得られた〈こわばり〉に定位した問いでした。つまりそれは非日常的な絶望的窮境という最極端な〈こわばり〉に定位した問いでした。これに対して目下の問いはそのベルクソン的「こわばり」をむしろ後方へと極端化させて問われています。すなわち、非日常的窮境の〈こわばり〉はおろか、しなやかなはずの日常そのものからしてすでに〈こわばり〉でしかないと笑う（咲う）、その主体はだれか、と。

五

自己そのものが笑い（咲い）と化すとは自己が花開くこと、つまり生成にして自己創造そのもののことでした。この点では、たとえば己を卑小と知る人間の偉大さを語ったあのパスカルも、己の不浄を見つめることのできる力を清浄さと見たヴェイユも、そして無限の道を己に開く自己理解を「愚」と表現した親鸞、道元、良寛も、ともに自己の創造というかたちで〈己の低さを嘲笑う高さ〉を実現しています。再びベルクソンの言葉を借りるなら、「創造」や「生成」つまり「出来てゆく」働きそのものの中では「出来上がったもの」はおのずと粉砕されるということです。ポイントは、出来上がった己を〈笑い種〉として嘲笑う（つまり粉砕する）己は、いわば人称不明の働きそのものつまり創造性としてしか姿を現さないという点にあります。そしてその創造の働きは、そのままで、つまりはおのずから（＝己ツカラ）、出来合いのものつまり出来上がったものを笑って（＝粉砕して）います。繰り返しましょう。笑って創造するのではなく、ここでは創造がそのまま笑う（咲う）ことです。神がそこへと降りる自己も神からすれば取るに足らぬ木端だったように、なるほど出来上がったものはそれがどれほど偉大でもそれを創った創造的情緒にとっては無に等しい、つまりは笑い種です。このような情緒にとってはいかなる成果も成れの果てだということです。いまやこの情緒からするならば、日常的良識のいかなるしなやかさも、それが日常として定着・習慣化して出来上がったものであるかぎり、同じく成れの果てでしかありません。

思いだしましょう。そもそも日常つまり何かかが当たり前であるとは、むしろその何かがかくも当たり前でないことの証左なのだと第一章で述べました。いまこれを当たり前でないことの側からいうならこうなります。すなわち、日常的生におのずから（己ツカラ）湧き上がる創造的情緒そのものが、日常を根底で支える日常自身の出自、つまり日常の構造的以前だと。それを覆い隠すことで日常がまさに日常となるそのそれ、つまり日常自身の構造的以前である創造的情緒という〈働きそのもの〉が、おのずから（己ツカラ）日常という「出来上がったモノ」を粉砕すべく沸き起こるわけです。この情緒の働きは、いわばみずから成果を出来上がらせ、しかし出来上がるたびにこの成果をその出自へとおのずと粉砕するともいえるでしょう。ならばあの問い――非日常的窮境の〈こわばり〉はおろか、しなやかなはずの日常そのものからしてすでに〈こわばり〉でしかないと笑うそ

の主体は誰か ― への答はもう出ています。日常のしなやかさをもこわばりでしかないと笑うのは、いわばより上位のしなやかさ、すなわち日常を出来上がったものの反復（つまり習慣そして威圧）と見なせる当の日常の出自（＝構造的以前）です。

この構造的以前は、こうして出来上がった成れの果てとして、日常をして自分自身を笑わしめると同時に、もともとその日常をともに構成する他者の構造的以前でもあったはずです。そのかぎりでこの情緒はその他者の低さ ― 出来上がった己に甘んずる低さ ― をもつねにすでに（つまり構造的以前で）嘲笑っている（粉砕している）はずです。さらにこの情緒は、周囲の生をしておのずと（己ズト）自身の低さをも笑わしめるべくつねにすでに（＝構造的以前で）働いているにちがいありません。そうして粉砕される側つまり笑われる側は、しかし笑われ粉砕されている時点ですでに己の高みに立っており、こうして己の高みに立つときこの者もまた自分を創造する情緒に与っています。このときもうすでに自身のこわばり（＝出来上がった日常への埋没）は解けているということです。自縛の解けるその笑い（咲い）は花と咲く蕾のそれ、すなわち己ツカラ花開く生成のそれでした。

六

ふたたびニーチェに戻りましょう。

「距離のパトス Pathos der Distanz がなかったならば……人間が人間自身を不断に超克すること Selbst-Überwindung des Menschen」は起こり得なかったであろう。」（『善悪の彼岸』第九章、二五七、傍点は引用者）

この「距離のパトス」の頂点に立つ「黄金の哄笑」は成果や完成を嘲笑う「神々の嘲笑」でもありました。私のいう哄笑的嘲笑も、出来上がったものの一切を一掃する創造的情緒の働きそのものです。いずれにしてもこのような働きにとっては、自己の障害に悩むまえにその自己自身が障害になるでしょう。〈自己自身が障害〉とは、出来上がった自己が〈笑い種〉だということです。眼のおかげでものが見えると同時に、この眼のせいでこのようにしか見えないと感じるとき、眼に見えるモノはもちろん、見るための眼そのものも、それが出来上がったモノであるかぎり、まさに見るという働きそのものにとっては笑い種となるわけです。同様にこの耳のせいで、この手のせいで等々と感じるとき、五体満足をしてなお障害とみなせるこの高さからするならば、土台私たちはみな生まれつき障害者であるといってもよいでしょう。五体満足のしなやかさは底の知れたしなやかさだということです。肝要なのは、日常をまさに日常として生きていること自体が、当の日常の基盤たる創造的情緒をも同時に生きているということ、そしてそのことによって、自己の構造的以前でこの情緒に終始おのずと（己ズト）笑われている（＝粉砕されている）己でもあるということ、このことにあるのでした。日常からの覚醒を待つまでもなく、覚醒への一形式を私たちはすでに日常としておのずと（己ズト）生きているわけです。そしてその覚醒は、個人に起こるそれでありながら、同時に他者とともに起こるそれ、ひいては社会全体にも生じるそれでした。個であれ社会であれ、およそ笑う生は咲きほこる生、余すところなく己を実現する生です。

　さて、この笑いつまり哄笑的嘲笑はもともと「喝」との共通の根を持っているとはじめに述べました。そして機を逸することなくみずから（身ツカラ）存在を言葉にして切断するのが「喝」でした。ならば哄笑的嘲笑というディオニュソス的笑いも、この「喝」の言語性（つまりアポロン的な光の次元）へと開かれていることになります。しかしそうはいってもやはりこの笑いの高さは、みずから（身ツカラ）以上に、あくまでもおのずから（己ツカラ）出現する笑いのそれであることにかわりはありません。ならばこの高さは、いまやおのずから（己ツカラ）この笑いそのものが言葉になる高さでもなければならないでしょう。正確には、この笑いを担うあの創造的情緒が日常的におのずと言葉に現れるということです。

　それだけではありません。ここでの笑いがおのずと（己ズト）日常自身の構造的以前から出来する笑いであってみれば、おのずから（己ツカラ）この笑いを支える創造的情緒が日常的に言葉になるとは、たとえばさきに述べた〈自己自身が障害〉ということが常日頃から当たり前のようにおのずと言葉ににじみ出ることでもあります。もちろんそこには何の他意も底意もありません。出来上がった自己を笑い飛ばす情緒が言葉ににじみ出る、もしくは普段から言葉遣いにその人の創造的情緒がにじみ出る、といいかえてもよいでしょう。

こうして「己が障害でしかない」ことが言葉ににじみ出るとき、すでにそのような障害はもはや日常において実体として存在していません。重要なのは、ここでの言葉が、実在を表すものでもなければ実在を覆い隠すものでもないということです。常日頃から当たり前のように「己が障害でしかない」ことのにじみ出る言葉はもはやその人の日常の根底をなす実在の一部です。創造的情緒が普段の日常の底でぽっかり口を開けているといってもよいでしょう。さきにはこれを、覚醒の一形式を我々はすでに日常として生きている、と表現しました。いまやこの日常を支える創造的情緒、すなわち日常そのものの構造的以前は、己の生の高さのにじみ出る言葉によってその〈高さ〉をもおのずと笑い飛ばし粉砕するでしょう。この生には〈生の高さ〉などはじめから実体として存在していないからです。高い生があるのであって、生の高さなどないのです。

「美しい花があるのであって、花の美しさなどない」（小林秀雄「当麻」、一九四二）

裸や素面を礼賛する近代文明を嫌悪しつつ、無用な観念の跳梁を能面の無表情で切り捨てる世阿弥を評していわれた言葉です。この言葉は、しかしながら小林のいう「秘すれば花」なる能面の「秘する」力より、むしろ「美しい花がある」而今への、機を逸することなき帰還をこそ言い当てています。その而今を生きる生は、日常の持つ自然なしなやかさをも不自然な機械的滑稽さとして笑い飛ばす〈働きとしての生〉です。禅では「身心脱落」(道元)ともいわれるこの境地すなわち「自由」については、本章のII「機と自由」で視点を変えて再論したいと思います。

まとめましょう。哄笑的嘲笑の〈己ツカラ〉の〈己〉とはどこのどいつか。つまり絶望も日常も〈こわばっている〉と笑うのは何処の誰か。誰か?:絶望も日常も粉砕する創造的情緒、それがその〈誰〉である。何処の?:絶望も日常も笑い飛ばされる時は、機を逸することなくおのずから(己ツカラ)降って湧いたかのように訪れる。右の〈誰〉は、この〈時〉つまり〈熟した機〉にしか現れない。すなわちその〈誰〉は〈熟する時そのもの〉すなわち〈己の而今〉である。〈誰〉とは、この機、この時間の謂である。この機に与っていないとき、ひとはしたがって誰でもない(つまりだれでもある「ひと」である)。内にも外にも何処にも仏を探し求めてはならなかったように、機という時間でしかないこの〈誰〉も、したがって**何処にも**いない。以上をさらにまとめるならこうなります。〈どこのどいつ〉:機における創造的情緒。

Ⅱ　機と自由

はじめに

「詩人とは特権ではない、不可避である。」

詩人、高村光太郎の言葉です。ここでの「特権」は詩作の特殊な能力を所有しているということであり、「不可避」とは詠わずにいられない在り方すなわち詩人としての存在のことです。能力の所有たる前者は文字通りの有能を意味し、特定の在り方しかとることができないという後者の在り方つまり詩人という存在はむしろ無能にして非力の印となります。リルケやヘルダーリンにも見出せるこの後者の意味での「詩人」の規定をもとに、ここⅡでは「自由」について三章とは違った視点から考えてみましょう。

一

「特権」の立場、すなわち所有の観念を基本的立場とする自由論は、所有しないこともありえるといういわゆる可能世界の視点を前提しています。これに対し「不可避」の立場、すなわち所有ならぬ存在の観念を基本的立場とする自由論は、こうでしかありえないという一種の事実性の視点を前提しています。目下の己の所有する可能的行為の選択肢の枚挙を基盤とする一切の自由論を「出来上がったもの」すなわち「なされた行為」に則る議論として排除したのがベルクソンでした。「なされた行為」つまり「出来上がった行為」ではない「なされている行為」つまり「出来てゆく行為」は、外側からではなく内側から生きられる行為、あるいは端的に「自己と一致した行為」であり、これがこのままベルクソンにとっての自由行為のモデルとなります。

自己と一致している行為はその都度その人そのものつまり人格を表し、己そのものであるからには――すなわち、己を外から眺める仕方で己の在り方を所有しているのでなく、己を内側から遂行する仕方で現に己そのものであるからには――目下の己にとってそれ以外の在り方はありません。つまりこの意味での自由は必然あるいは不可避という特徴を持っているということです。したがってこの点ではベルクソンの自由論は〈こうでしかありえない〉という事実性の視点から理解されるべきものとなります。

こうして規定される自由すなわち〈必然としての自由〉は、しかし程度を許す、とベルクソンはいいます。自己との一致という意味での自由は〈零か百か〉ではないということです。己自身との一致の度合いがそのまま人格のいわば人格性の度合いを、したがって自由の度合いおよび不可避の度合いを決める、といいかえてもよいでしょう。あるいはむしろ必然や不可避の度合いが自由の度合いを決めるといったほうがよいかもしれません。つまり、それ以外ではありえない己の必然に達したとき、ひとは最も己自身であり同時に最も自由なのです。特定の在り方以外ではあり得ないということ、すなわち存在論的な不可避性を基にして規定されるこの半ば実存的自由は、したがってそれ以外でもありえたという見方、つまり己を振り返る回顧的反省の視線からは姿を消します。「生命」「創造」等と同様に、ベルクソン哲学における「自由」の観念も、外から眺めて対象化したり概念化したりすることができない、つまりは「空間化」できないわけです。

二

ヨーロッパにおける自由の観念は　―　スチュアート・ミル（一八〇六―一八七三）のそれを代表として　―　多くのばあい「所有」の立場から、行為の可能な選択肢をすべて枚挙するやり方で、目下の特定の在り方以外でもありえる（ありえた）という可能性を前提に論じられます。前節でも「可能世界」という点から述べましたが、〈こうでないこともありえる〉という想定は、まずは目下の己の存立条件あるいは己の置かれている事実的状況のすべてを括弧に入れることを前提し、この括弧入れはさらにいかなる条件下にもない在り方つまりは〈何も選択しない在り方〉という中立的存在を要請します。このような中立的存在は、しかし一転して〈何でも選択できる在り方〉ひいては何にでもなりえる在り方へと翻り、ここから近代のいわゆる「自由・平等」の観念が出来します。己の意志で己の在り方を自由に選択できる、その意味での平等な主体の観念がここから出来するわけです。己の置かれた事実的状況を捨象することによる中立的存在あるいは基体的存在の分離・析出が、ミルを代表とする可能的選択肢に基づく自由の観念の前提となっているということです。

事実的状況を捨象したこの自由は、しかしながら上述の〈必然としての自由〉つまり半ば実存的と表現した自由の観点からするならば、いわば根こぎされた自由ともいうべきものとなるでしょう。権利上の可能性あるいは論理的可能性 ―「出来上がった」現実から抽出された事後的可能性 ― として論じられることの多いこうした可能的選択肢の観念は、ある在り方を〈とることも、とらないでいることもできる〉中立的存在の観念を前提し、さらにこの可能性や中立性の観念を土台に成り立つ自由は半実存的立場における事実や現実を捨象したものだということです。

ちなみに、このような中立性の観念を、ニーチェは、「作用、活動、生成の背後の存在」(Sein hinter dem Thun, Wirken, Werden) として、「力を表出することもしないことも自由であるような無記な基体的主体」(ein indifferentes Substrat, dem es freistünde, Stärke zu äussern oder auch nicht) の特性として記述しています(『道徳の系譜』第一論文、一三)。フランス現代哲学者の一人であるドゥルーズ(一九二五―一九九五)は、これを、「能動的力(つまり強者)が自分の持つ能動性を行使する場合は罪となり、反動的力(つまりルサンチマン)が自分の持たない能動性を行使しない場合は称賛に値する」(『ニーチェと哲学』)、と表現しました。己の「持つ力」を表出しないでいることができるなら、己の「持たない力」を表出することもできる、というわけです。能ある鷹が爪を隠すのは、もともと彼に爪がないからだ、ともいえるでしょうか。この特殊な「無記性(無関心性)」に立つ議論の一切を、すなわち〈力からの中立性〉によって成立する可能的選択肢に立つ議論の一切を、したがってニーチェは「弱者」の「奴隷道徳」として一括しました。

これに関して、「特権」ならぬ「不可避」の立場 ― すなわち「所有」ならぬ「存在」の立場 ― に立つベルクソンなら、無記性や中立性に依って立つ一切の自由論を、「為された行為は為されたのであり、為されていない行為はいまだ為されていない」というトートロジー（同語反復）へと解体するでしょう。すでに述べたように、「自己と行為の一致」としての自由では、主体はいわば進行中の行為にそのまま立脚・没入しており、そのような主体つまり人格的主体にとってはもはやそれ以外の可能的選択肢としての行為すなわち「外から見られた行為」や「出来上がった行為」つまりは所有物としての行為は問題にならないからです。トートロジーへと解体されるとは、かの中立性あるいは可能的選択肢に則る自由論の情報量がゼロだということです。自由はまさにその本性のゆえに定義できないという、ベルクソン的自由論のこれが結論です。自由が定義できないのは、もともと自由が特権ではない、すなわち所有物ではないからです。

一般の自由論に潜む中立性の中から「奴隷」のロジックを暴きだしたのがニーチェなら、自由を定義するいかなる試みもはじめから自由を所有物とする中立性を前提していると考えるのがベルクソンです。そのつどすでにわれわれは〈どちらかに転んでいる〉のであり、この現実を肯定できない主体が〈どちらにも転ばない中立〉という抽象を作り上げるわけです。自己と自己の置かれた状況は分離できないとして、ベルクソン的自由論は〈自己と状況との分離〉を拒んでいます。そしてこのようなベルクソン的自由の特徴も、もとをただせばこの哲学の中心にある「直観」の直接性 ― 対象との直接的合一あるいは事象への直接的復帰としての「直観」の直接性 ― からくるものでした。

三

この直接性ということについて西田幾多郎（一八七〇－一九四五）の言葉に耳を傾けてみましょう。「色を見、音を聞く刹那」すなわち「己のいま・ここ」への直接的帰入、あるいは、「未だ主もなく客もない、知識とその対象とが全く合一している」「事実其儘の状態」、これが『善の研究』の「出立点」となる「純粋経験」の規定です（第一編、第一章）。文字通り「直接経験」ともいわれるこの「主客未分の現前」における特殊な「統一力」は、まずはこれが「色を見、音を聞く刹那」に果されるそれであるかぎり、先送りせず遅れをとることのない一瞬の機の中で成就するそれです。他方、同書では「一生懸命に断岸を攀ずる場合」や「音楽家が熟練した曲を奏する時」等からもこの「純粋経験」が説かれていることから、機を逸することなく〈己のいま・ここ〉に立つこの己、すなわち「色を見、音を聞く刹那」の最中にある己は、むしろ単なる「刹那」の一瞬を超え、或る幅と奥行きをもった持続的統一態の中でも実現されると考えねばなりません。

対象への直接的帰入による対象との直接的合一、あるいは認識と存在の一致、これはベルクソンの「直観」の本性としてこれまで紹介してきた特徴にそのまま重なるものでもあります。このような合一・一致による持続的統一の把握例に音楽を多く挙げる点でも西田とベルクソンは共通します。こうした点からするならば、対象と合一する仕方で対象の本質を実現する身体的・行為的理解としてのベルクソンの「直観」は、のちの西田のいう「物となって観、物となって行う」いわゆる「行為的直観」に極めて近いものとなると考えてよいでしょう。

さて、「懸命に断岸を攀じ」、「音楽家が熟練した曲を奏する」持続的統一態では、独自な一体感の最中でときに体が勝手に動くような感じか、あるいは己を超えたなにものかに己自身が導かれるかのような感覚さえ経験されることがあるでしょう。さらには、これまでにもいくどか紹介した世阿弥のいわゆる「離見の見」――役に入り込む役者に現れる己自身との特殊な距離感、すなわち己への没入が己からの離脱となる能役者の「見」――のように、一種の脱我的狂狷つまり盲目的頑さと、その頑さを外から導く特殊な客観性あるいは柔軟性とが、上の持続的統一態の幅と奥行きを同時に構成しているとも考えられます。もっとも、ここまで事態を極端化・特殊化させなくとも、「一生懸命に断岸を攀ずる場合」や「音楽家が熟練した曲を奏する時」の、いわば一筆書きのような持続的流動感をそのまま生きている主体は、たとえば歩く動作やペンで字を書く動作のようなごく日常的な経験においても見出せます（注三）。

総じて、西田のいう「純粋経験」は、「色を見、音を聞く刹那」から始まって、思惟や意志や感情の一切を飲み込んだ持続的「統一態」に至るまで、伸縮自在な幅と奥行きのある「いま・ここ」です。たしかに刹那の一瞬に全人生の奥行きが読み取られることもあれば、生涯全体も見方によればただの一瞬の出来事といえるでしょう。ここでの「純粋経験」の伸縮自在なる「いま・ここ」を生きる自己存在のパワーは、刹那に発揮されるそれでありながら、いかなる瞬間をも貫いて持続的に発揮され続けているそれでもなければならないわけです。この点を意識して、以下では、刹那的・瞬間的出現を超えた、さきに「一筆書き」に模した流動感を伴う持続的統一としての〈機〉について、あらためて我が国の禅思想（曹洞禅、臨済禅）との比較を踏まえながら考えてみましょう。西田哲学のバックグラウンドともいわれる次の禅（曹洞禅）のテクストを見てください。

「かくのごとくして、頭頭に辺際をつくさずということなく、処処に蹈翻せずということなしといへども、鳥もしそらをいづれば、たちまちに死す、魚もしみずをいづれば、たちまちに死す。以水為命しりぬべし、以空為命しりぬべし。以鳥為命あり、以魚為命あり。以命為鳥なるべし、以命為魚なるべし。」（道元『正法眼蔵』、「現成公案」）（訳：「このようにして、そのときそのときに究極を尽くしており、その所その所に徹底しているのであって、もし鳥が空を離れるとたちまちに死んでしまうし、魚が水を出ればたちまちに命はない。したがって、水がそのまま命であり、空がそのまま命であることが知られよう。さらにいえば、鳥が命であり、魚が命である。また命が鳥であり、命が魚であろう。」）

魚は水の魚であり、鳥は空の鳥である。よく知られたこの一節は、魚が水の魚であり鳥が空の鳥ならば、人は何の人であるか、と問いかけてきます。それを離れるや否や人でなしとなり、したがって人の人たる命そのものでもあるそれは、ここ「現成公案」では端的に人の己の〈いま・ここ〉です。

「そのときそのときに究極を尽くし」、「その所その所に徹底」するとは、己の〈いま〉を極め、己の〈ここ〉の底を抜くことといえるでしょう。人の命はその〈いま・ここ〉であり、人はその〈いま・ここ〉にあってこその人なのです。本書ではすでにこれを「己の而今」と表現してきました。

興味深いのは、ここでの「水」や「空」という己の〈いま・ここ〉が、刹那的な瞬間非連続のイメージより、どこまでも開けた自由闊達なる連続のイメージを喚起する点、すなわちこれら「水」や「空」が、瞬間的・時間的イメージより、むしろ構造的・空間的イメージのほうを喚起するという点にあります。換言するなら、「色を見、音を聞く刹那」としての「純粋経験」よりも、知、情、意の全体を超え包む構造的統一体としての「純粋経験」の〈いま・ここ〉が、ここ「現成公案」での〈いま・ここ〉の在り方により近いということです。すなわち、「水」や「空」という広大無辺の幅と、限りなく深い「水」と限りなく高い「空」という果てしない奥行きを、「自発自展」した「純粋経験」の核心に、さらにはこの純粋経験の内的突破としての後の西田の「場所」の概念の端緒に重ねて見ることができるということです。

四

公案に戻りましょう。

「用大のときは使大なり、用小のときは使小なり。」（訳：「働きが大きいときは使い方も大きいし、働きが小さいときは使い方も小さい。」意味：水を大きく使わねば魚は魚として大きく働けず、空を大きく使わねば鳥は鳥として大きく働けない。あるいはこの逆、魚を大きく使わねば水は水として大きく働けず、鳥を大きく使わねば空は空として大きく働けない。）ならば、人間は世界を大きく使わねば人間として大きく働けず、人を大きく使わねば世界も大きく働けないということになります。そしてこの「働き」は一瞬の刹那にして持続的連続でもある〈機〉のなかで実現されるのでした。

このような人間と世界の不可分一体性は、一方では西田の「純粋経験」における主体と世界の不可分一体性へと通じており、さらにはベルクソンのいう「直観」における主体と対象の不可分一体性とも通底するものでしょう。しかしながら、公案における「魚が水を使い」「水が魚を使う」ときの「使」が明らかに通常の〈使用〉の概念の適用範囲を超えたものであることを思うなら、この公案の立場にとっては、ベルクソンの「直観」は西田の「純粋経験」以上に、なおまだ人間的主体性ひいては近世的主観性を脱してはいないものと映るでしょう。この主体性や主観性についてはベルクソンの自由論のあの半実存的な特性を思い出してみてください。

しかしながら、自由はその本性によって定義できないと考えるベルクソンにとっても、私たち人間は問われるまでもなくもとより自由なのでした。いまこれを、もともと自由なのだからことさら自由を問い求めるなといいかえると、ベルクソンの半実存的姿勢は、曹洞禅のテクストである「公案」にかわって、こんどは臨済禅のテクスト『臨済録』の基本姿勢の方に酷似するものともなってきます。「逢仏殺仏」（仏に逢うては仏を殺せ）という『臨済録』の要諦は、君自身がもともと仏なのだからことさらに仏を問い求めるなどということにあるのでした。そして問い求めた瞬間「喝！」となる同書の中心思想が「己の而今に立ち返れ」――すなわち「己のいま・ここへと立ち戻れ」――なのでした。この点では、ベルクソンの「直観による自己への復帰」をこの臨済禅での〈己の而今への帰還〉と重ねてみることもできるわけです。

＊

西田哲学のバックグラウンドたる禅思想に登場する言葉――仏、悟り、自由等――の一切が、当の禅においてはもともと「言葉の魔」から人を解放するための「シナリオ」でしかなかったことを前章で述べました。同様に、公案の「大」も「小」も「使」も「用」もすべて分別を絶つためのシナリオでしかないといえるでしょう。観測者が持ち込むシナリオ（つまり観測装置と物理学理論）に応じて姿を変える宇宙のように、「身心脱落」した主体すなわち「水に映る月」たる主体は、みずからに充てがわれるシナリオに応じて姿を変えます。主体の「純粋経験」を言うのが『善の研究』なら、その「純粋経験」も当の主体へと充てがわれたシナリオでしかないと考えるのが禅です。ならば本章Iでの「機における創造的情緒」というシナリオは、これの充てがわれる哄笑的嘲笑の主体（つまり「己ツ柄」の己）に、はたしていかなる姿をとらせるでしょうか。

注

一　『広辞苑』によるなら、語源的な意味での「みずから」すなわち「身ツ柄」はもともと身体レベルでの自然さの方から来た言葉である。この自然さは、一般的な意味の「みずから」としての自発的主体性ではなく、むしろ一般的な意味の「おのずから」のほうの前意志的な性質を持つ。逆に、語源的な意味での「おのずから」すなわち「己ツ柄」は一般的な意味での「みずから」のほうの己の意志的主体性を秘めている。この点からみても、さきにニーチェ的視点から「生理現象」とも表現した「哄笑的嘲笑」の主体性、すなわち笑う主体にさえ不意に訪れる計算外の主体性は、内臓の中で唯一随意筋（横紋筋）から成る心臓がそれにもかかわらず不随意であるかのごとく、いわば己であって己でない特殊な身体的主体性を蔵しているといってもよい。「自ら（身ツ柄）」にして「自ずから（己ツ柄）」でもあるこの「自」における、「身」という「柄」（＝それ自体の身分）と「己」という「柄」との、一種の交叉配列的な同時出現に則るなら、おのずからは己ツカラとしてみずからであり、みずからは身ツカラとしておのずからなのである。

二　ある香りをきっかけに突然己の昔が蘇るという、日常の慣性を破って不意に訪れる「非意志的想起」（プルースト）の非意志性を、ここでの哄笑的嘲笑の非意志性はそのポテンツにおいて上回る。

三　『善の研究』での「純粋経験」の立場は、のちに、「主観的意識なくして見る」あるいは「働くもののすべてを、自ら無にして自己の中に自己を映すものの影と見る」いわゆる「絶対無」の立場へと移行する。この立場の確立された『働くものから見るものへ』の「序」で、西田は、「すべてのものの根底に見るものなくして見るものという如きものを考えたい」と表明した。「形なきものの形を見、聲なきものの聲を聞く」この立場の成立をもって現今のいわゆる「西田哲学」なる名称が生まれたとされている。

本章で使用した主なテクストは以下の通り（本文中に記したものは除く）。

入矢義高訳注『臨済録』、岩波文庫、二〇〇七
柳田聖山訳『臨済録』、中央公論新社、二〇〇四
玉城康四郎著『正法眼蔵』、大蔵出版、一九九三

間奏　三章、四章を振り返って

はじめに

「私ね、主人が亡くなってから半年間、彼の遺骨を砕いて食べていたの。」

「亡夫の骨かむ悲嘆　笑った友」と題された或る投稿文の冒頭である（朝日新聞、二〇一一年九月九日朝刊「voice 声」）。数十年前、若くして最愛のご主人を亡くされたこの方（投稿者の友人）は、当時、周囲の親身な励ましにもかかわらず、「来る日も来る日も泣いてばかりであった」（同）という。時は流れ、最近、趣味の集まりで知り合ったサークル仲間――そのうちの一人が右記「声」の投稿者――に、この方は当時の苦しかった胸の内を打ち明けた。互いの気心も知れた頃とはいえ、「骨を食べた」とのこの告白にさすがにこの投稿者をはじめみな言葉を失った。が、しかし次の瞬間、そのうちの一人が「笑いだして」こう言い放ったそうである。「あんたねえ、そんなものを食べたって、翌朝トイレで出して、おしまいよ。」そのときの様子を投稿者はこう続けている。「周りは凍りついたように静かになったが、その静寂を破ったのはほかならぬ彼女（＝笑われた彼女つまり「骨を食べた」という告白者）自身の笑い声であった。友人の一言で完全に吹っ切れた」のだという。（丸カッコ内および傍点は戸島）

骨を食べ続けた半年間、逝った者に心まで持っていかれたかのようだったこの方は、なぜわたしを一人置いて逝ったのかと、そしてなぜ私でなくあなたがと、逝った夫に訴え続けたにちがいない。そのとき、そう訴える彼女は置いて逝かれた者であり、代わりに逝かれた者であり、先に逝かれた者である。置いて逝かれたまま、代わりに逝かれたまま、そして先に逝かれたまま、当時の自分を数十年たったいまもなお引きずっている、それが投稿者と出逢った頃の彼女（骨を食べた告白者）であった。機が熟し「吹っ切れる」まで、この生者の眼差しはそのまま死者を追いかけ続けている。そのときこの者は死者すなわち〈逝った者〉を追いかける〈逝かれた者〉であろう。この〈逝かれる〉あるいは〈行かれる〉が、心を奪われて放心する、機能停止する、頭がおかしくなるといった意味の語〈イカレル〉の原義である（注一）。

一

己の働きを信じ、己の用いているものを信じ、己の足元を信じて己自身へと立ち戻るとき、その人の生きている時間がその人の真の現在であると自力の仏教思想は教えていた。図に対する地のように構造的に先立つ何の支えもなく、子に対する親のように時間的に先立つ何の支えもない、その意味で何ものにも先をイカレヌその己の切っ先にして己の根底が、自分自身の現在たる「己の而今」である。自分以外への一切の依存を断ち切る仕方で何ものの後も追わぬこの者には当然ながら神仏の導き

は不要となる — これが第三章での議論の出発点であった。以下しばらくこの議論を振り返っておこう。

古来、逝く（あるいは往く）に対して、迎えるには、神仏が衆生を迎えに来る「来迎」と、衆生が神仏を迎え容れる「勧請」の、二種の型があるといわれている。「お迎えが来る」といわれるように、死者や仏が生者を迎えに来る前者の典型は他力の浄土思想に、逆にお盆などでみられるようにむしろ生者が死者を迎え容れる後者の典型は自力の密教思想や禅思想、そして日本古来の神道等に見出せる。逝ったもの・行ったもの・去ったものへの思慕の強いとき、陰に陽にそのものを追いかける〈逝かれた人〉は、場合によればそのものの再来を待ち望み、それはやがて他力の来迎思想と結びつく。元来は「如去」と訳されていたtathagata（「かくの如く去《ゆ》けり」の意）という仏が後に「如来（かくの如く来れり）」と訳されるようになった背景や、阿弥陀如来像が平安中期から鎌倉初期にかけて次第に坐像から立像へと変化した背景等にも同様の来迎思想への傾斜が潜んでいる。

そのような来迎思想の対蹠にある自力思想のひとつの例を、第三章では「逢佛殺佛（仏に逢うては仏を殺せ）」という臨済禅の思想に見た（注二）。「親」であれ「祖」であれ「仏」であれ、出会った瞬間に機を逸することなくその一切を「殺せ」、これが己に先立つ何ものの後も追わない「無依独立」を主眼とする『臨済録』の基本スローガンであった。自己ならざるもののほうから自己を規定することをどこまでも拒み、己以外の一切を「吐き出せ」と教えるこの自力思想では、目先の流行を追いかけ名目に囚われる無明はむろん、この無明からの救いを求めて修行する求道者でさえ、救いをもたらすものなら何でも飲み込む「羊」のシンボルで語られた。救いをもたらすものつまり美味しいそうなものなら何でも飲み込む、したがってそのものに呑まれるのがこの「羊」である。

　したがってさらにまたこの自力は、本来決して美味しくはない仏をむしろ逆に「こちら側に奪い取って己に主体化」する自力ともなるのであった。師匠の技を盗んで己独自の技を生むごとく、「奪い取る」にはすでに自分の中に奪い取るべきもの（つまり仏）が先在しているということである（注三）。一説では「ホト・ケ」は「ホトボリ（熱）」すなわち「生気」から来ていると聞く。求めるまでもなく生きていることの源つまり熱源がそのまま仏（＝生気）であるとの含意であろう。仏を外に求める者はこの熱源すなわち本来の己自身を見捨てている。裏を返すなら、仏が美味しくないのはそれが自分自身だからだということである。信じて受け容れるべき本来の己とはかくも苦いわけである。そしてその苦さを平気で受け容れる力が〈美味しい仏〉を殺す自力である。

　これら本来の自力も（そして他力も）いわば中途のまま混在する衆生を抜け出て、たとえば自力なら自力を徹底せんとする求道者となってなお我々は、吐き出すべきものを吐き出せず、したがって己でないものから己を理解してしまっていることで我とわが身とをまるごと失っている。ここからするならば、逝く者に置いて逝かれる者、代わりに逝かれる者、そして先に逝かれる者、すなわち逝った者を追いかけるイカレタ者は、死者に呑まれ、死者のほうから己を理解する者――吐き出すべきものを吐き出せず、消化すべきものを消化できずにいる者――となるだろう。死者に呑まれ逝かれたままとなっている者と、「己の而今」を離れ仏を外に求める求道者との間に、一種の類似性が見て取れるということである。

したがって「逢佛殺佛（仏に逢うては仏を殺せ）」の立場に立つならば、己の内から湧き出でるホトケ（＝熱や生気）―つまり「主体化」された仏―がもはや追いかけられるものでないように、逝った者も追いかけられるものではないということになる。むしろそれ（逝った者）は己の内から湧き出でる。逝った者が己の内から湧き出でるとは、生者がすでに己の現在（＝ホトケ・熱・生気）に立ち返っているということである。逝った者に逝かれることなきこの者はすなわち逝く者をただ逝かせる者であろう。追えば逃げるものも追うのを止めるや一転してその身を与えるように、逝かれず逝かせる者もこの「放てば満てり」―掴むに掴めぬ虚空も拳を開けば（＝放てば）掌にある（＝満てり）―の境位にある。すなわちそのとき生者は死者に満たされている。死者に満たされるとは死者においてあるということである。死者においてあるとは死者に呑まれることではない。むしろ死者を生きているということである。このとき死者は死者としては消え去り、生者は生者の本来に戻っている。

ならば逆に逝く者に逝かれるとき、死者は生者においてあるということになるだろう。あるいは生者が死者を追いかける仕方で、死者が生者の所有となるということである。このとき生者は己の現在から離れ、己の時間は止まる。己の現在を置いていくこの者の、止まったままだった時間が動き始めるとは、したがって持っていかれた心が戻ってくることでもある。そのときこの者は「己の而今」に立っている。それは自分以外の何ものにも自分の存在根拠を求めぬ在り方、後を追うべきでないものの後を追わぬ在り方であった。後を追うべきでないものつまり「仏」や「法」といった一般的・規範的なものをたのみにしない者、その意味で己の切っ先に立ち己の現在に立つ者にとって、もはや愛する者との死別は〈先立たれる〉ことではない。永訣のとき、逝く者は、ただ逝くのみである。それは本来、生者がただ〈逝く者を逝かせる者〉となり、〈逝く者に逝かれる者〉とならないことを、つまり己の現在を置いていく者とならないことを意味している。

しかしそれにはやはり生者はイカレル経験を経ねばならない。経てのち、己に戻る仕方で己を生きる、すなわち「己の而今」を生きる、これが冒頭での「骨を食べた」事例に語りだされていることだった。そのかぎりで逝く者は、人をして置いて逝かれる者、代わりに逝かれる者、先に逝かれる者にするのである。すなわち、人をして、置いて逝かれる者、代わりに逝かれる者、先に逝かれる者からの復帰という仕方で「己の而今」に立たせるのである。ならば総じて死別は、もはや喪失ではなく、むしろ贈与である。大切なのは、〈己の現在〉は取り戻されてこそ己の現在となること、取り戻されるには機が熟さねばならぬこと、そして熟した機を逃さずこれに乗ずるにはそれに相応しい他者との出会いが必須であることの三点である。以下、この三点に絞っていま少し『臨済録』を振り返ってみよう。

二

『臨済録』の要諦は、仏を求めようとする自己そのものがそのままですでに仏つまり仏法の湧き出でる源泉であること、これに尽きる。しかし「自己そのものが仏」なら、「自己そのものが仏」とことさら言う必要もないであろう。つまり「自己そのものが仏」の真意は、「仏とは何か」と問う者が、まさにそう問うことによって己の〈いま・ここ〉を踏み外す、このことへの警告にあるのであった。問い求めること自体が問い求められているものへの道を塞ぐというこの本末転倒は、そもそも言葉の持つ一種の飛翔力、すなわち己を己の置かれた状況の外に立たせる力　―　〈いま・ここ〉を離れさせる言葉の一般性・公共性・汎用性　―　に起因する。己とは何か、と言葉で振り返ったとたん己の〈いま・ここ〉から転げ落ち、仏とは何か、と言葉にしたとたん仏たる「己の而今」から遠ざかる。美味しくはない仏を美味しい仏に見せたのも、そしてその見せかけの仏を追わせ己を本来の己から遠ざけたのも、もとはといえばこの一般性、公共性、汎用性を秘める言葉の飛翔力　―　禅では「言葉の魔」と呼ばれる力　―　なのだった。

この「言葉の魔」に呑まれかかるとき、「己の而今」は、これ自身が失われる瞬間を機を逸することなく観てとるあの臨済の「喝」によって自身を取り戻す。むしろ「己の而今」は取り戻されてこそ「己の而今」となるのであった。重要なのは、機を逸することなく切れ込んでくる「喝」の否定性はときにある種の「笑い」にも見出せたこと、ここにある。その否定性は、冒頭引用で述べたあの特殊な二つの「笑い」——「骨を食べた」との告白を笑い飛ばした友人の「笑い」と、これを機に積年のわだかまりを笑い飛ばした告白者自身の「笑い」——にも共通して現れる〈間髪入れない垂直的否定性〉である。

三

「骨を食べた」という、真剣にして異様な告白を笑い飛ばしたあの友人の機を逸しない「笑い」にも、そしてこの友人の「笑い」を機に自分自身を笑い飛ばした告白者自身の「笑い」にも、一瞬の出会いを不発に終わらせない点ではともにある種の粉砕力すなわち〈間髪入れない垂直的否定性〉が見出せる。前者（友人）の「笑い」はかの告白の闇を間髪入れずに〈みずから〉粉砕し、さらにこの「笑い」自体によって生じた緊張が間髪入れずに〈おのずと〉粉砕されたのが後者（告白者）の「笑い」であろう。

「笑い」について第四章では、他意を秘めるみずからの本性のゆえに互いに腹を探り合う「微笑」と、その〈腹〉自体が原理的に存在しない「哄笑」との差異を述べた。期せずして訪れながら先読みせず・後を引かない「哄笑」の時間性は、深入りせず当たり障りのない「微笑」の水平的な時間性に垂直に切れ込む否定性を有していた。そしてこの否定性は、「喝」の〈みずから〉に比してそれをポテンツにおいて上回る〈おのずから〉の否定性だった。すなわち、計らずも起こり期せずして起こる「哄笑」の出現は、笑う主体にとっても計算外なのだった。この意味での計算外を軸にして、あらためて先の二つの笑いを振り返るなら、「骨を食べた」との告白を笑い飛ばした友人の笑いには「喝」の〈みずから〉を、そして自分自身を笑い飛ばした告白者の笑い――あるいはそれとほぼ同時に不意に訪れたあの「吹っ切れる」瞬間――には計算外の「哄笑」の〈おのずから〉をそれぞれ見て取れるだろう。すくなくとも、機を逸することなくみずから告白者を笑って「己の而今」に立った友人も、機を逸することなくおのずと出た笑いで「己の而今」に立ち返った告白者も、この機つまり出会いの瞬間ともに同一の今に与っている。

四

同一の今を形成するこれらの笑いは、生きとし生けるもの全てへの無差別的共感の能力としてなら慈悲を、そして憐れみの欠片もなく絶望者を見下ろす高見としてなら無慈悲を秘めている。これを四章では「最も慈悲深い無慈悲」と表現し、この笑いを私は「哄笑的嘲笑」と名付けた。共感でもなく傍観でもないこの笑いの特殊性は、さらにこの笑いが生のこわばりに対する一種の忿怒の相をも含んでいることにも起因する。絶望し萎縮した生を容赦なく叩き壊すかのようなこの忿怒は、それが生によって生自身に向けられる怒りであるという点では私憤や公憤といった憤りとは異質な怒り、すなわち私的であれ公的であれおよそ他者に向けられる憤りとは別種の怒りである。しかしまたこの忿怒は、それがもっぱら生そのもののための怒りであるという点では私憤の極致であり、その生が特定の生ではなく生きとし生けるものすべての生であるという点では公憤・義憤の極致である。こわばった生に対する生自身による制裁という叱責的な笑いももとはといえばこの笑いの忿怒的側面に淵源する。

そうしてこわばりが解け、八方塞の絶望的袋小路そのものに自由闊達な世界への風穴が開く。「自己」なる声の放たれるべき死覚悟の気概が気概としては脱臼するこのとき、こわばりの解けた真のしなやかさにはもはや自己の絶望も笑い種なのだった。しかしそれには機が熟さねばならず、その機を逸することなく己の現在が取り戻されるためには他者との出会いが必須である。実際、己を追い詰め「骨を食べた」あの告白者にこの笑いが出るまでにはじつに数十年かかっている。しかし何年かかろうと、その場その機にあったなら、笑い飛ばすべきもの、すなわち生のこわばりは、機を逸することなくみずから笑い飛ばさねばならない。そしてそのためにおのずと湧き上がる忿怒＝笑いを我々は恐れてはならない。「あんたねえ、そんなものを食べたって、翌朝トイレで出して、おしまいよ」との高笑いを深部で支える情緒 ― 当人も気づいていないであろう自他無差別の高き情緒 ― も或る種の忿怒を秘めていたに違いない。告白者をして我にかえらせるそれは最も慈悲深き無慈悲である。こわばった生を前にして、生はあたかも自分で自分を救済するごとく、この忿怒＝哄笑によって己のこわばりを粉砕するのである。総じて、「骨を食べた」告白者のおのずからの笑いも、その友人のみずからの笑いも、そしてそうした笑いに含まれるだろう忿怒も、こわばった生の粉砕という一点で同一の生の働きなのだと考えたい。

五

何ものにも先立たれない「己の而今」、これは自力も他力も中途のまま混在する日常を自力へと徹底させた姿である。ならばこれを他力へと徹底させたなら、我々はいついかなるときにも先立たれている。仏を求めるなという自力に対し、仏を求める心からしてすでに仏のおかげであるという（つまり仏に先立たれているという）、この純粋な他力は無常観と裏腹であり、無常観の根底には己の力ではどうにもならぬものへの畏怖がある。己の力ではどうにもならぬ、しかしそのものとの出会いを果たすのは「己の而今」なのだとやはり自力ならいうだろう。この自力における「即心即仏（＝この心がそのままで仏）」（禅思想）も、そして「即身成仏（＝この生身がそのままで仏）」（密教思想）も、己の目下直面しているものがそのまま仏への道であるといういわゆる「当相即道」の理念では通底する。そこでは、己の力ではどうにもならぬものからむしろ片時も離れぬことこそが、このどうにもならぬものを突破する唯一の道となる。

＊

柳田國男の『遠野物語』第九九話に、三陸大津波（明治二九年六月十五日、死者二万一九五九人）で妻と子供を亡くした男の話がある。遺された二人の子と共に元の場所に暮らし始めて一年ほど経った初夏の或る晩、男は、霧のかかる月夜の渚で、死んだ女房と出会う。男を見てにこりと笑った女房は、同じ津波で死んだ男性と二人連れで、今は夫婦になっていると言う。結婚前に互いに深く心を通い合わせたと聞いていた相手である。子供は可愛くはないのかと言うと、女は顔色を変えて泣いた。朝になって帰ってきた男はその後久しく煩った、という話である（傍点は戸島）。

一年も経てば逝った者は逝った先で思いを遂げている。ならば一年も経てば生者も生者で己に戻れ、すなわち、逝かれてはならない、と告げているのだろうか。浜から帰ったあと、男はしばらく病に伏した、と物語は結んでいる。

注

一　人を動作対象（つまり客語や補語）としない「逝く」あるいは「行く」という自動詞には、元来、人を主語とした受動態（つまり「だれそれは逝かれる」や「だれかれは行かれる」）は存在しない。こうした受動態は、たとえば「置く」「残す」「代わる」「先んずる」等の、人を動作対象とし得る語を内含した表現すなわち「置いていく」「残していく」「代わりにいく」「先んじていく」等を基にした、「先にいかれる」、「先をいかれる」、「代わりにいかれる」、「置いていかれる」等の省略形と見なし得る。逝かれるとは〈先に逝かれる〉〈代わりに逝かれる〉等を暗黙のうちに伴っており、行かれたとは暗々裏に〈先を行かれた〉〈代わりに行かれた〉〈置いて行かれた〉等の意味を含んでいる。

二　テクストは、入矢義高訳注『臨済録』、岩波文庫、二〇〇七。

三　前掲『臨済録』、二二〇頁。

五章　言葉と身体

はじめに

「『方法序説』の一、二頁を実例に取ってみると、方向が逐一定まっている思考の行き来（aller et venir）が、句読法の示すようなリズムの効果だけによって、すなわちはっきり声に出して行う正確な読み方の示すリズムの効果だけによって、デカルトの心（esprit）から我々の心に移ってくる……。」（H. Bergson, *La pensée et le mouvant*, PUF, p94, 欄外の注、傍点引用者）

文を声に出して読むいわゆる朗読が教育（特に初等教育）において重要な役割を果たすことはよく知られています。多くのばあい古典的名著が選ばれますが、テクストの如何に関わらず、読みのリズムやテンポがそのさいの朗読の出来・不出来を左右することならままあることです。句読点ひとつで文の意味が変わることなどもしばしば経験されますが、右の引用は、朗読の際の句読法に則ったリズムの働きを最大限に強調している点で、そうした我々の常識的な感覚とは少し趣が異なっています。

一般に、テクストのスタイルひいては思考のスタイルを形成するリズムやテンポといった時間的要素は、さらにそれらが読み手によって実際に身体的に遂行されることを通して　―　すなわち朗読

によって ― よりよく理解されると考えられています。引用のベルクソンも、作品について論ずる前に、朗読によって作家の「身振りや態度や物腰」を身体的にまねることのほうが先だと別のある教育論の中でも述べています（『精神のエネルギー』、「精神と身体」）。興味深いのは、そこでもベルクソンが、冒頭の引用と同じく、思想家の思考の動勢が「リズムの効果だけによって」読み手に伝播すると考えている点にあります。考えにくいことですが、文のリズムだけで文意のおおよその動向は描き出せることを、それればかりか、このリズムこそが「我々を直接に作家の思想と連絡させる」ことを彼はそこではっきり事実として報告しているのです。冒頭の引用が我々に与える若干奇異な印象も、言語・時間・身体の連携を強調するこのベルクソンの考えに則ったところからくるものと思われます。

もちろん、自国の古典であれ母語以外のテクストであれ、文意の理解や解釈には最低限の語句の知識が必要であることはいうまでもありません。冒頭の引用とてフランス語を母語とする人たちを前提してのことでしょう。これを踏まえてなおしかし、そうした字句的知識をいわば下から積み上げていっても到達できないものに、むしろ一挙に触れさせるのが朗読の役割 ― 詳しくは朗読における時間的要素の身体的再現の役割 ― だということを、ベルクソンは極めてラディカルに主張するわけです。この点に注意してあらためて冒頭の引用文の要点を挙げるなら次のようになるでしょう。すなわち、「思考の行き来（aller et venir）」におけるリズムやテンポといった時間的・音楽的側面の身体的再現が、その思考（や思想）を直接理解する際の要となる、ということです。

ベルクソンの言うように「リズムの効果だけで思考の行き来が伝わる」かどうかは措くとして、すくなくとも語句の意味を通して段階的に理解される常識的な思考の流れと、文体のリズムやテンポを通して一挙に理解される「思考の行き来」としての思考の流れという、次元的に異なった思考の動的局面が存在するのは事実でしょう。すなわち思考には、一つ一つの語句の意味を下から積み上げることによって段階的に形成される動き・流れと、リズムやテンポの身体的再現を通して一挙に直接触れることのできる動き・流れという、次元を異にする二つの動的局面が存在するということです。

前者〈下から積み上げる〉場合に関しては、哲学でいわれる「解釈学的循環」――部分が全体を構成しつつ全体が部分を制約する循環構造――が現れます。しかしながらこの〈下から積み上げる〉場合と、後者の〈直接触れる〉場合の二局面の間にも、同種の循環構造が生じているように思われます。あるいは、前者において生じる循環にははじめから暗々裏に後者が同行しているといったほうがよいかもしれません。すなわち、諸部分を成す語句の意味が下から積み上げられていくに際し、リズムやテンポを通じて直接触れることのできる全体性――解釈学における「全体」とは次元を異にする全体性――がそのつど下支えし、逆にそうして下支えする全体性のほうも、解釈学的循環における「部分と全体」の相互限定によってその都度いわば上書きされるということです。そのような二段構えの循環構造が朗読に開いた持続的統一をもたらし、さらにまたこの持続的統一が朗読に開放的展開をもたらすとも考えることができます。実際、解釈学的循環のイメージにはよく音楽におけるメロディーの例が用いられますが、このことも、右の二段構えの循環構造における音楽的・時間的要素の役割が陰に陽に意識されている証左とも見ることができるのではないでしょうか。思想や思考の理解におけるこうした時間的、音楽的要素（とその身体的再現）の重要性を以下ではひとまず踏まえておきましょう。

一

言葉における音楽性や時間性の役割を重視する考えをニーチェも共有しています。

「言語において最も理解しやすいものは語句そのものではなく、一連の語　句がそれによって語られる音調、強さ、転調、テンポである ― 要するに、語句の背後の音楽、この音楽の背後の情緒、この情緒の背後の人格、したがって記述されえない一切のものである。」（Nietzsche, Die Unschuld des Werdens, 508）

もとより独自な思想は独自の文体を持っており、独自な文体は独自なテンポを持っています。ニーチェ自身は、思想に織り込み済みのそうしたリズム・テンポとして、モデラートとヴィヴァーチェの中間であるアレグロ（軽快）を好んだといわれています。軽快なアレグロ・テンポは軽快なアレグロの思想を運んできます。ニーチェが欲した ― したがって本人には欠けていたかもしれぬ

――「自由で、軽やかで、遊び戯れる空気」(Nietzsche, Ecce homo. *Wie man wird, was man ist,*『この人を見よ』八）が、自由で、軽やかで、遊び戯れる思考・思想、すなわち軽快なるアレグロの思考・思想を連れてくるわけです。文体のテンポを重視することに関して同書ではさらにこう記されています。

「パトスを孕む一つの状態、一つの内的緊張を、記号の連鎖、ならびにそれら記号のテンポによって伝達すること、これがおよそ文体の意味である。」（四節）

「よい文体とは、一つの内的状態の真の姿を伝えるものであり、記号、記号のテンポ、身振り――複雑な構造を持つ文章の法則はすべて身振りの技術なのだが――の行使をやりそこねない文体である。」（同）

同じ「軽快」のリズムでも、反復しかないラヴェルの『ボレロ』をベルクソンが酷評したことはよく知られていますが、ニーチェであれベルクソンであれ、すでに触れたようにいわゆる「生の哲学」が音楽という時間芸術を重視するのは偶然ではありません。いうまでもなく「生の哲学」における生命の観念あるいは「流れ」の観念そのものが、もともと時間を本質とするもの、その意味では音楽的なものだからです。生の流れが時間を本質とするのなら、思考や人格の質を当の思考や人格を貫く時間の質のほうからみるのは自然でしょう。そしてそれら時間的・音楽的存在は、外から眺められる（つまり空間化される）前に、内側から（すなわち時間的に）感得されるべきものでした。

生の哲学が「理解」（ディルタイ）や「直観」（ベルクソン）といった、ある種の共感による対象の内側からの直接把握を重視するのもここに起因するわけです。

ただしリズムやテンポで論旨を決定してゆくということなら、ヨーロッパ以外でも、一例としてなら東アジアにおける禅の「公案」の解釈などでもたびたび行われることです。本書でもこれまで幾度か触れた公案禅（看話禅）として知られる臨済禅のテクスト『臨済録』を例にとるなら、たとえば形の上では対句になっていなくても、音読してセンテンス・リズムをとってみてはじめて対句であることがわかり、またそのことによってはじめて対句でない場合との意味の相違が明瞭となるといった文例がいくつもあります。また、それ自体が「読誦されるもの」すなわち音読の意を持つイスラムの経典『コーラン（クルアーン）』も、原典は実際に声に出して謡われることを前提に記されたアラビア語の散文詩です。むしろこの種の事例なら宗教的詩文では通例とさえいえるでしょう。さらにこのような詩や俳句・短歌といった韻を踏む文でなくとも、日常のなんでもない作文や日記等を書くときでさえ、語呂のよさやリズムに気を配って書いた覚えなら誰にでもあるはずです。

冒頭の引用を再び見てみましょう。ここでは、リズムやテンポだけで思考の動きが理解できるという点で、言葉における時間性の比重が、したがってそれを読み取る際のある種の身体感覚の比重がそれぞれきわめて大きいということが重要なのでした。このことについてはニーチェの引用における「情緒」の役割にも同様のことが見て取れました。論旨に加えて作家の「心」や「情緒」や「人格」までもが、いやむしろそれこそがリズムやテンポといった時間的・音楽的要素を通して立ち現れてくること、したがってそれらはこの時間的・音楽的要素を読み手が身体的に遂行することによって理解されるべきものであることが、両者ベルクソンとニーチェとに共通して読み取れるということです。

こうした点を前提した上で、本章では、冒頭でのベルクソンの引用における時間的・音楽的要素のさらなる第一義性に、すなわち時間が「思考の行き来」や「心」を構成するというきわめて強い主張にあらためて拘ってみたいと思います。以下では、人格や思考の質として現れる時間、総じて生の質として現れる時間の内実の解明に向け、二つの言語学の知見を基に「言葉の時間性」について考えてみましょう。キーワードは、リズム、テンポ、身体性、土着性、情緒、そして一章でも触れた言葉のサイズ、時間のサイズ、身体のサイズ、です。

二

文には、「私は走る」や「そのバラは赤い」といった単純なもの（単文）から、文に文が含まれるより複雑なもの（複文）まで様々なものがあります。単文から複文の出来上がる過程にはしかし言語の種別を問わず一定の法則性があり、それは多くのばあい言語学では「リカージョン」という一種の再帰構造によって説明されます。〈実行すると自分自身を参照するような手順および命令形式〉として、一般には数学的に定義されるこのリカージョンは、自分自身の出した音を拾って無限に増幅し続けるアンプのいわゆるフィードバックにも比せられます。節が節をいくらでも含むことができる重層構造を思い浮かべてみてもわかるように、原理的には無限に反復可能なこの開放構造は、いわば己において己が己の中に映されてゆく動的入れ子構造をなすともいえます。この構造が元来単純な言語をどこまでも複雑化させ、言語に無限のバリエーションと無限の創造性をもたらすことが、二〇〇二年にチョムスキーらによって雑誌『サイエンス』に発表されました。

これに対し、二〇〇八年、リカージョンの存在しない言語 ― pirahã（ピラハあるいはピダハン）といわれるブラジル先住民の言語 ― の特殊な文法構造が発表され、先のチョムスキーらの主張との間で大きな論争を巻き起こしました（この経緯に関してはD・L・エヴェレット『ピダハン』、屋代通子訳、みすず書房、に詳しい）。リカージョンが存在しないとは、話し言葉、書き言葉のすべてが単文で構成されるということに代表され、それはたとえば関係詞や接続詞を用いて表現されるべき内容が単文の羅列で表現されるという現象に現れます。これの具体例として、前掲訳書『ピダハン』では、「針を持ってきてくれ。ダンが針を買った。同じ針だ。」といった表現が挙げられていま す。「ダンが買った針を持ってきてくれ」と、通常なら関係詞や関係節を用いて表現されるべき内容が、この先住民の言語では三つの単文のセットで代行されるのです。A「針を持ってきてくれ」、B「ダンが針を買った」、C「同じ針だ」という三つの独立した単文がまとまって発話されることで、関係文と同じ効果が現れるわけです。

ここで、同著の著者自身は特に指摘していませんが、そのさいA、B、Cの各々が比較的時間的に近接してテ、ン、ポ、よく発話されること、およびABCの全体が前後の文脈に沿ってタ、イ、ミ、ン、グ、よく発話されること、すくなくともこの二点が関係文としての効果を生む上で重要な契機であるように思われます。A、B、Cの各々の間（ま）が空き過ぎるとそれぞれが分散してまとまりがとれなくなり、場合によれば各々が別の文脈に組み込まれかねません。またABC全体がその前後の文脈において適正な間で発話されないと、ABC全体としてのそもそもの状況に即した意味が読み取りにくくなります。そしてここで、これらの〈間〉は適切なタイミングやテンポやリズムによって保たれる、と考えてみてはどうでしょうか。関係文としての統一的文意がここではタイミング、リズム、テンポといった時間的、音楽的要素に強く依拠していると考えられること、まずはこの点を押さえておきたいと思います。

そしてその場合、それらタイミングやリズムやテンポは、さしあたり話者個人のそれでありながら、しかしむしろそれに先立って、聞き手とのある種の間合いを中心に成り立ったそれでもなければならないことに注意しましょう。さらにそうなると、話者と聞き手との関係の緊密性もさることながら、そうしたタイミングやリズムやテンポは話者も聞き手もともに属する共同体のそれ、ひいてはその共同体の属するその土地独自の自然や風土をもおのずと反映したものともなっているといえるのではないでしょうか。すなわち話者の言葉の時間性は聞き手との間での時間性でもあり、さきにも述べた〈間〉を司るこのいわば間時間性は共同体全体を通底する一種の基音をも成しているということです。大切なのは、さらにこの基音それ自体が、それに先立つより基本的な土地の自然風土からくる土着の時間の一種の倍音にもなっているという点にあります。個人の生の時間性はその個人の属する共同体の時間性を反映し、この共同体の時間性は――この共同体が原始的でシンプルであればあるほど――土地の風土の時間性をダイレクトに反映すると考えられるからです。

その場合、種々の〈生の時間性〉やそれに伴う〈言葉の時間性〉には相互の帰属関係とともに一種の包含関係も成立していることになります。次節以下では、この帰属関係と包含関係との同時成立を、個々の〈生の時間性〉や〈言葉の時間性〉のサイズの違いという点、およびこうした意味での時間のサイズと連携する身体のサイズという点から解明してみましょう。

ところで前掲書では、この先住民の言語のさらなる顕著な特徴として、「左右」の観念が存在しないこと、および血縁関係を表す名辞がきわめて少ないことの二点が挙げられています。この点に少し触れてから「サイズ」の問題に移りましょう。

「左右」といった方向観念については多くの場合「川の上流、下流」という言い方がなされるようです。方向の指示および方向感覚は常に大地と地続きになった身体を基準に表現され、大地から切り離された身体には独自な方向観念が存在しないらしいのです。しかもその場合の〈大地との地続き感〉はいわゆる東西南北といった太陽や月を基準にしたいわば地球的サイズひいては天文学的なサイズのそれではなく、「近隣の川」などの馴染みの自然物を基準にした日常の生活空間に見合ったサイズのそれです。ここでの方向感覚はきわめて実生活に即した土着的な身体感覚だということです。ちなみに、高い所のモノはいらず、地面にあるものだけでよい、と彼らは考えるようですが、このことも、いわば上空飛翔しにくい彼らの特殊な身体感覚・思考特性を反映する一徴表と考えることができます。血縁関係については、これを表す名辞が「親」、「親の親」、「息子」、「娘」、「同胞」しかなく、そのぶん血縁を基盤とした社会的制限も限定的となります。この点と上述の方向観念の特殊性とを併せて考えるなら、大地と地続きとなった実際的で土着的な身体性と、シンプルな名辞に現れる同じくシンプルな社会的・人為的制度とが、その独自な言語体系において互いに連携している、これがこの論者によるピダハン文化の最も重要な特徴となると考えてよいでしょう。そしてここでもポイントは、彼らの言語にはあのリカージョンが存在しないこと、すなわち文意や論旨はもちろん或る意味では文法までもが時間的要素に依存するという独自な言語構造や言語使用が、この先住民の暮らしの基底を成している、という点にあります。

　大地と地続きになった身体の時間は当の大地の時間を反映し、この大地の時間はこの地に根付く共同体がシンプルであればあるほど強くそこに滲み出ます。そのシンプルな共同体の構成員としてこの地に生きる個々人の生は、当の共同体の織りなすリズムやテンポを、したがってこの共同体の生い育った大地の時間を、そのまま表現しているわけです。「川の流れ」に沿った土着性はその川の流れのリズムに沿った土着性でもあるのです。ならば、そうした土着性を基音とするその倍音としての共同体の時間性も、さらにはまたその共同体を構成する個々人の間時間性も、ともに端的に「川の流れ」をリズムの母胎とした、いわば相互に家族的類縁性を持つ時間性となるのではないでしょうか。「川」だけではありません。すでに〈時間のサイズ〉や〈身体のサイズ〉と表現しましたが、「風」も「木々」も「花」も「鳥」も、その意味でのリズムを奏でるすべての存在が、倍音としてのこの間、時間性の一種のサイズの形成に参与し、さらにこの地に暮らす者たちの身体感覚の空間的サイズの形成にも参与しているとは考えられないでしょうか。

三

リカージョンの存在しない、すなわち構造面での複雑化を被る以前の、その点ではいわば言語のプロトタイプともいい得るこうした特徴について、前掲書の著者エヴェレットが真っ先に興味を引かれたのは、じつは通常の言語学に謂う「交感的言語使用」――「こんにちは」、「さようなら」、「ご機嫌いかが」、「すみません」、「ありがとう」、「どういたしまして」等々のいわゆる挨拶表現――がこの先住民の言語には存在しないという点であったといいます。普通には人間関係の円滑な維持・遂行のために必須であろう、こうした挨拶表現がない世界は、当初エヴェレット自身にもいささか奇妙な世界だったようです。

挨拶表現がないかわりに、この先住民の文化では、たとえば「ありがとう」や「すみません」といった気持ちすなわち感謝や謝罪は、すべてなんらかの行動で即座に返されます。一般に挨拶は人間関係の潤滑油ともいわれますが、潤滑油が不要なほどこの先住民族の人間関係は円滑だったのでしょうか。あるいは、先の血縁関係を表す名辞の少なさに代表されるシンプルな社会的・人為的制度の下では、もはや挨拶さえ不要なほど個々人の人間関係もシンプルにして親密かつストレートなものとなるということなのでしょうか。思い出しましょう。リカージョンのない単文表現によるコミュニケーションも、まずは相手との関係の親密性に基づく暗黙の了解が支えとなってはじめて可能なのでした。

たしかに、交感的な言語コミュニケーションすなわち挨拶言語の発達は、社会の拡大に伴う多様化や複雑化と相関します。よく言われるように、社会の拡大・多様化・複雑化は見知らぬ者との出会いをより頻繁にし、見知らぬ者との出会いが頻繁になればそれだけまずもって敵意のないことを互いに表現する必要が増すからです。しかしながら多くの挨拶表現が、単に複雑な社会を生きる人間の潤滑油としてだけでなく、すなわち人と人との出会いの瞬間におけるある種の緊張を緩和し遣り過ごすものとしてだけでなく、そうした緊張のうち、ある意味では遣り過ごされるべきではない緊張をも遣り過ごし、さらにはこの緊張をむしろ覆い隠してしまうものとしても機能しているとしたらどうでしょう。これについては次節で触れますが、ちなみに複雑にして多様きわまる社会を生きるアメリカ人は「ありがとう」を言い過ぎるといわれているそうです。

四

挨拶について、すでに取り上げたベルクソンの「生の哲学」における「実践的関心」や「行動の要求」の概念に沿って少し立ち入って考えてみましょう。

ベルクソンの謂う「実践的関心」や「行動の要求」、そしてこれらに基づく「製作」や「産業」は、「今あるものに占められるかわりに、必要ならば、すでにあったもの、もしくはあるとよかったものに関わっていられる」(*La pensée et le mouvant*, PUF, p107) 生のプラグマティックな能力を中枢としています。「実践的関心」に沿って動く精神は、〈自分のいる時と場所〉を〈自分のいない時と場所〉のほうから眺め、後者を用いて前者を表す能力を持っているわけです。この能力を共時的な側面から言うなら、自分の立場 ― 文字通り〈立っている場所〉も含めた自分の置かれた場 ― の外から自分を顧みる能力、あるいは自分を他者と比較する能力となります。またこの能力を通時的な意味に取るなら、自分の現在を過ぎ去った過去や来るべき未来のほうから顧みることのできる能力となります。共時的側面、通時的側面の両面に股がるこうした精神の働きには、しかし己の無媒介な〈いま・ここ〉たる「事象」réalité を事象そのものとしては捉え損ねる側面もあることが、ベルクソニズムにおける「時間の空間化」として論じられていることは周知のごとくです。

この「捉え損ね」の原点にある、〈いま・ここ〉を飛び越え事象から遊離する ― 本書でこれまでにも触れてきた「回顧」rétrospection とも呼ばれる一種の反省的な ― あり方を、ベルクソンは、「事象に遅れをとる」、「事象を前にして躊躇する」、「決着を先送りする」、「揺蕩う」retarder sur la réalité 等とも表現しています。これは一方では、いま述べたように「事象」との直接的接触を取り逃がす「実践的関心」の陥穽あるいは非力ともなりながら、もともと他方では、さきほども述べたように「今あるものに占められるかわりに、必要ならばすでにあったもの、もしくはあるとよかったものに関わっていられる」能力、すなわち「実践的関心」における効率的な事象処理能力ともなるものでした。「事象」に対してretarder(遅れる、遅らせる)という精神の働きは、「事象」を効率的に処理する能力にして、同時に「事象」を直接把握し得ない非力のゆえに「事象」そのものを隠蔽する、いわば諸刃の剣となると考えてよいでしょう。

ここで、後者の非力の反対事例として、すなわち現在にあって現在を取り逃がすこの精神の非力の対蹠的事例として、前節で述べたブラジル先住民族の生活様式の特徴の一つ、すなわち挨拶表現の不在という事実に端的に現れている即時的・即自的・即物的な生き方を対置してみるとどうでしょう。すなわち、過去の保持も未来の予持も極小化する純粋現在に生きる生き方を、未来に備え過去を保持する「実践的関心」の対蹠に置いてみるとどうでしょうか。

前節の末尾でこう述べました。人と人との出会いの瞬間における ― 場合によってはいわゆる一期一会ともなる瞬間の ― ある種の緊張を緩和して遣り過ごすものとして機能する挨拶（という習慣）が、ときに遣り過ごされるべきではない緊張をも遣り過ごし、この緊張をむしろ覆い隠してしまうものとしても機能しているとしたら、と。かりにそうだとした場合、遣り過ごされるべきでないもの、すなわち一期一会の生の瞬間を、ときに遣り過ごす、隠蔽する、という点が、かの先住民たちの挨拶表現のない生活ではいささか事情が変わってくることが推測できます。すくなくとも件のブラジル先住民の即時的、即物的な現在中心の生活様式が、その挨拶表現のない生活様式 ― 謝罪や感謝が、言葉による挨拶表現によってではなく、その場ですぐになんらかの行動で示されるという生

活様式　—　と相関していることは確かでしょう。重要なのは、この相関が、上述した挨拶機能のいわばマイナス面をかえって浮き彫りにしている可能性があるという点、そしてこのことの説明にはベルクソンの言う「実践的関心」の〈諸刃の剣〉的特性が役立ち得るという点です。

ただし挨拶言葉がなくとも、習慣としての挨拶機能なら、このブラジル先住民族の「行動で返す」場合にも見出せるかもしれません。「ありがとう」の言葉の代わりに即座に返される行動そのものがある時点で習慣化し、その後はこれがいわば挨拶代わりとなるということなら大いに考えられることだからです。その場合この先住民族とてやはり〈一期一会〉を遣り過ごす習慣的な生活を送っていることにはかわりはないということになります。「実践的関心」との関係を探る上でも、この先住民の暮らしのその他の主立った特徴を以下に五点だけ挙げておきましょう。

① 道具の加工や芸術がない（長持ちするモノはつくらない）。
② 儀式がない（実際に見聞きしていない事柄についての定型表現がない）。
③ 食べ物は蓄えない（その都度あればあるだけ食べ尽す）。
④ 夢は現実の一部あるいは延長である（夢も現実もともに直接体験である）。
⑤ 数や勘定の観念がない（対象を一般化したり分類したりしない）。

これら五点はまずもって瞬間の状況に即した直接体験を重視する生き方をはっきりと描き出して

います。あるいはこれらは、過去を保持することも未来を予持することも極小化するあの純粋現在を生きる生き方を、すなわち事態の先取りや先読みや先送りといったある種の計算のほとんどない即時的・即自的・即物的な生き方をより色濃く浮かび上がらせています。挨拶表現の不在という事実もこうした生き方の一側面と考えてよいでしょう。この挨拶表現の不在という事実を、対象の直接的把握から遠ざかりがちな ― すなわち状況を先読みし先送りするあの「実践的関心」の非力的側面に起因すると思われる ― 現代的生活様式に対するカウンターパーツと見たらどうなるか、これが目下の問いでした。残念ながらフィールドワークの専門家ではない私に、この先住民の暮らしの事実報告に基づくこれ以上の推論は分を超えます。そこでなお挨拶表現の見地から、今度は舞台を日本に移し、我が国の二種類の仏教思想（五節で鎌倉仏教の禅思想、六節で平安仏教の密教思想）のテクストに沿って、あらためて右の問題について考えてみましょう。

五

日本における「挨拶」という語は、もとは禅の師匠が弟子の力の強弱やその悟りの深浅を見て取るために、一日の最初に交わされる問答の一形式を表す禅語であったといいます。「挨拶」は、弟子に対して己のいま・ここへの自覚を促す方法論の一種だったわけです。平生の「こんにちは」という挨拶も、もとは「今日・本日は（いかがか）?・!」という、〈いま・ここ〉を生きる禅者の力量の試される修行の場だったということです。あの『臨済録』における言語観を思い出してください。流行りの言葉や宙に浮いた言葉そして当たり障りのない平均的な言葉へと逃げ込むことなく、己の〈いま・ここ〉から己自身の言葉を発することができるかどうか、また他者を否定することによって自己を肯定する言説へと駆り立てられることなく、己の〈いま・ここ〉に立って機を逸することなくその場の瞬間の切り返しができるかどうか、こうした一切が試される試練の場が「挨拶」だったわけです。

いかんせん即座の決断や咄嗟の切り返しに弱い人間の常を補うかのように、すなわち、現在にあって現在を飛び越えこれを跨ぎ超して生きる実践的関心の非力 — 己の直面する事象を事象そのものとしては取り逃がす非力 — を補うかのように、むしろ現在を飛び越えこれを跨ぎ超して生きるこの実践的関心の能力 — 実践的要請に沿って事象を効率的に処理する能力 — の側が立ち上がります。この〈能力〉は、「今日は?!」という急襲に備え、やがていつでもどこでも使えるいわば手持ちの札を用意する仕方で、あたかも己の〈非力〉の穴埋めをするかのように働くでしょう。あるいはむしろ時と場所とを問わずにいられる環境 — 先読みし先送りするための環境すなわち「時間の空間化」による「等質的環境」 — を張るこの事象処理能力の台頭・席巻に伴って、当の能力の裏面の〈非力〉は鳴りを潜めるようになるでしょう。

禅(特に臨済禅)では、「臨済の喝」という仕方で、結果的にこの非力の側面が暴き出されることはすでに述べました。すなわち、己の現在を飛び越え跨ぎ超そうとした瞬間に、「喝!」の一声で、禅者は当の現在へと呼び戻されるのでした。しかし当然のことながら禅者すなわち出家者ではない在家の日常ではそういきません。それどころかこの在家の日常、そういってよければ弛緩した日常では、右の手持ちの札が、相手の言葉をそのまま取って返すいわゆる「こんにちは」として、いつでもどこでも使える定型表現としてむしろ定着していくことにもなるでしょう。すなわち機を逸してはならぬときに機を逸する人間の弱さを補うべく、あるいは〈いま・ここ〉を跨ぎ超して別の〈いま・ここ〉に備えるべく、かえって「挨拶」という、もとは日常化を許さぬはずだった言葉遣いそのものが日常化のためのツールとなってゆくということです。さらには、むしろこうした日常の上滑りするあり方のゆえにこそ、あたかもこれに待ったをかけるかのように、あの「臨済の喝」は生み出されたのかもしれないとさえいえるでしょう。そればかりか、上滑りする日常に待ったをかけるはずのこの禅的「挨拶」の緊張は、むしろ当の日常にあっては、かえってこの日常をさらに上滑りさせる〈あいさつ〉の潤滑油的機能をより強化するいわば陰の立役者ともなりかねません。

いずれにせよ、その場その瞬間に身を置く在り方、すなわち事態の先送りや先読みを必要としない在り方、ひいては決着の保留を言葉の保存効果や緩衝作用（つまりは汎用性や融通性）に頼る必要のない在り方には、言葉による挨拶表現は不要となるはずです。もちろん「挨拶」という日本語を巡る語源的、禅文化的事情をそのまま先の先住民族の言語に当てはめるわけにはいきません。しかしながら、現在に身を置く生き方がこの先住民族の言語における挨拶表現の不在や人間関係を表す語彙の貧弱さと連携しているという点が、ベルクソンの言う「実践的関心」や「行動の要求」の陥る先の陥穽を照らし出しているということ、このことは、禅語としての「挨拶」を経由することによってもやはり確かめられるように思われます。そしてここでも大切なのは、この先住民族の独自な言語体系はリズムやテンポ、タイミングといった時間的要素をたのみとしていること、およびこの言語を基盤とする彼らの暮らしでは自然風土との土着的連続性に基づく体験の直接性・現在性が重んじられること、この二点です。身体を通じて実現される大地との土着的連続性がその独自な言語の構造に滲み出る、ピダハンという先住民の暮らしのこうした現在中心の特徴を、以下では言葉と実在との原初的関係へとむけて展開してみましょう。

六

冒頭の引用に戻りましょう。作者の意図を知的に理解する前に朗読によって作者の意図へと音楽的・身体的に入り込むことを強調するベルクソンのラディカリズムは、じつは次のより大きなアイデアへの布石でもありました。

「直観は、世界という大きな書物の中から自分が選んだ頁の中に、イマジネーションの動きとリズムを発見し、共感によってそこに嵌り込みながら創造的進化を体験し直そうと欲する。」

(*La pensee et le mouvant*, PUF, p95)

世界という書物を読む、という発想自体は比喩としてなら、目新しいものではありません。重要なのは、その世界の本質はリズムやテンポといった時間的要素から成り、これを〈読む〉には行為的・身体的共感（つまり引用における「直観」）によるところが大きいという点、したがってこの趣旨における「世界という書物」という表現が実際の書物を読むことからの単なるアナロジーではない点の二点です。通常の朗読が朗読者の身体感覚を通じた著者の思考の生命的、時間的流れの再構成的追体験であることは本章冒頭の引用で述べました。いまやこれと同様に、〈世界というテクストの朗読〉も、生命世界の時間的、創造的進化を行為的・身体的共感（＝直観）によって追体験することとして実行される、とベルクソンは文字通り考えているように思われます。ある意味では宗教者の世界理解とも見紛うこうした言明について、以下では、我が国の平安仏教（密教思想）に見られる類似の言明を参照しながら、言葉と実在の原初的関係に焦点を絞って考えてみたいと思います。ポイントは、第一章の終わりで少し言及した、言葉のサイズ、そしてその言葉と実在に通底する時間のサイズ、そしてそれを読み取る身体的共感のサイズにあります。

その第一章でも紹介した密教思想のテクストをもう少し詳しく見てみましょう。次のフレーズに再び注目してみてください。

「山毫　溟墨を点じ
乾坤は経籍の箱なり」（空海『性霊集』、「遊山慕仙詩」）

（訳「山は筆となって海の墨をつけ
天地は経典の入れ物となる」）

ここに言われる「経典」とはそのまま森羅万象・山河草木そのもの ― あるいはそれら森羅万象におのずと語り出されているもの ― のことであり、いわゆる紙に墨で書かれた文書のことではありませんでした。そしてこの意味での経文を読むとは実在世界を読むことであり、実在世界を読むとは世界という言葉を生きることなのでした。ここでの世界という言葉、つまり実在そのものとしての言葉が、ここ真言密教ではいわゆる「真言」mantraという「仏の言葉」です。実在の表記ではなく実在そのものとしてのこの言葉は、仏について説明する言葉ではなく、仏そのものとしての言葉といってもよいでしょう。一般には悉曇文字（＝梵字）の文字列で表されますが、テンポラールに謡われることを前提しているこの「真言」を深く理解するには、梵字で表記されたサンスクリット語を音読する際の、一種の身体感覚による共感的理解 ― ベルクソンの「直観」に相当するもの ― がまずは必須です（注二）。

ところで、身体感覚を削ぎ落して煩悩を断ち切る、いわゆる「禊（身を削ぐ・殺ぐ）」の発想を重視する一般の仏教思想（や神道思想）に対し、もともと密教思想（特に空海の密教つまり東密）は身体性を否定しないのでした。三業（身体・言葉・情意）という煩悩の源をむしろ三密（「密」は悟りへの秘密の通路）とする立場、いいかえれば身体もそのまま仏（への通路）であるとする密教の

「即身成仏」の立場がそれを端的に表しています。この点は、「理趣経」という、感性や官能の土台となる身体感覚をそのまま清浄とみなす特殊な経典が東密の常用経典の一つになっていることにも見て取れます。また、いわゆる如来であるにもかかわらず、如来形（＝裸に近い姿）ではなくむしろ菩薩形（＝装飾を施した姿）をとる「大日如来」（マハーバイローチャナ、大毘盧遮那）が東密の根本仏であることも、このような身体性・物質性の重視と軌を一にしています。ちなみにこの立場は、本章冒頭の引用で述べた、実在世界を〈読む〉ために当の実在世界の秘める時間性や音楽性を身振りによって再現・実現するという、ベルクソンの「生の哲学」における身体性の重視にも一脈通じています。さらに密教思想では、そうして森羅万象へと嵌り込む媒体がここでの身体の役割でもあるかぎり、もともと森羅万象へと繋がり得る存在論的身分あるいはそれだけのサイズをこの身体はいわば権利上有するものでもなければならないことを第一章で述べました。密教思想における身体つまり「身」の宗教的区分の詳細はここでは省きますが（注二）、いまは、この思想における拡大した身体概念と、同じく拡大した言語概念とが、先の〈読む〉という一点で相関していることに注意しておきましょう。

さて、身体を大きく使う仕方で言葉を大きく使うことを旨とする、密教の特殊な言語感覚・身体感覚は呪術との誹りを受け、身体性の重視という他の仏教には見られない特徴も後に過剰な肉体中心思想を生む一要因となったのでした。したがって、言葉は実在の表記ではなく実在そのものであるという密教の言語哲学を理解するには、まずはこうした諸事情の手前に立ち戻り、当時の密教で用いられた諸々の概念（の外延）―たとえば「生」や「死」等の概念の外延―が時代を下るにつれていわば縮小し局所化している可能性があることが最初に踏まえられねばならないでしょう。ここには上代と現代における言葉そのもののサイズが初めから違っているということも含まれているわけです。

この意味での〈サイズ〉の歴史的縮小過程（とそれに伴う語の適応範囲の局所化や矮小化の過程）を知るに際し―いいかえるなら、言葉の正確さや厳密さが重視されるようになってゆく歴史的過程の裏面で進行する言葉の実質そのものの縮退過程を知るに際し―空海の主著『秘密曼荼羅十住心論』の要約にして縮刷版ともいわれる『秘蔵宝鑰』の冒頭部分を一瞥しておきましょう。前半二行での「狂」や「盲」の概念はもちろん、特に後半部の「生」や「死」の概念の内包と外延がとくに現代におけるそれとは大きく異なっていることに注目してください。

三界の狂人は狂せることを知らず。
四生の盲者は盲なることを識らず。
生まれ生まれ生まれ生まれて生の始めに暗く、
死に死に死に死んで死の終わりに冥（くら）し。

「三界」とは迷いの世界であり、「四生」は生きとし生けるものすべて、すなわち衆生のことです。

通常の意味での我々の生死、つまり個人にとって一度だけのはずの生死を、何度も繰り返す衆生の在り方が、そのまま「生」と「死」の語の繰り返しで表現されています。繰り返される「生」「死」の語が繰り返される生死の世界を代弁しているのです。大切なのは、ここでの「生」「死」の語が、繰り返される生死について語っていると同時に、この生死そのものの中から、勝義にはこの生死を超えたところからも語られている点にあります。

現代では、〈生きている地球〉や〈生きている宇宙〉という言い方は、いわゆる生物学的な意味での「生きている」からする一種の比喩として理解されています。しかしながら密教的世界理解では、人の生も人以外の生も右の〈生死を超えたもの〉の部分でしかありません。人間の生を部分とするより大きな生という点で、本来の意味で「生きている」のは森羅万象の側であり、人間が「生きている」のはこの森羅万象への参与によると考えられているわけです。部分であれ全体であれ、「暗い」この「生」を抜け出るための自覚の必要性を唱える同書の視点は引用文中の「死」つまり「冥い死」についても同様です。

繰り返される語「生」「死」に映り出る生死の世界の繰り返し。繰り返される生死を、〈繰り返される生死〉と説明する前に、「生」「死」という言葉を繰り返して写し取るやり方には、言葉と実在とが相互に依存するという暗黙の了解が含まれています。〈生きた言葉〉がそのまま〈生きた宇宙〉を代弁し、実在世界と言語世界とがいわば互いに生き写しとなる、実在世界と言語世界との融通無碍な相互透入が、先の『秘蔵宝鑰』の前提する人間・世界・言語の大きな特徴だと考えてよいでしょう。

第一章でも紹介した空海の「声字実相」の五言四句を再び見てもらいたいと思います。ここでは、森羅万象がそのままで言葉である、すなわち〈実在がそのまま言葉である〉という存在論と、〈言葉は実在の表記ではなく実在そのものである〉という密教的言語哲学とが、ともにコンパクトに表現されているのでした（その言葉が「真言」つまり仏の言葉です）。

「五大に皆響有り。十界に言語を具す。
六塵悉く文字なり。法身はこれ実相なり。」（『声字実相義』）

森羅万象の一切が音声を発し〈言葉〉を発している、とするのが密教思想における存在論的言語哲学の根本前提であることはすでに述べました。「真言」という内なる本質つまり仏から鳴り響いてくる言葉の聴き取り（あるいは読み取り）によって、当の聴き取りのサイズに応じた世界が、聴き取った者にとって、その者の生きる世界として、すでに成り立っているのでした。己の話す言葉は世界へと入り込む己の身体のサイズをそのまま告示し、この身体によって生きられる世界のサイズをそのまま告白している――いまやこのことを理解するために踏まえねばならないのが、この言葉のサイズにして身体のサイズが歴史的に縮退している点、あるいはこの縮退が現代に生きる我々の言語使用や身体感覚をすでに何らかの形で制約している点です。

繰り返しましょう。ピダハンと呼ばれるあのブラジル先住民族は、川や木々や風や大地のリズムをいわば身体的に聴き取って、おのずと自分たちの暮らしのリズムや言葉のリズムとしていました。同様に、我々もすでに自分の住んでいる世界の音声を身体的に聴き取って、そこから己の聞き取った分に応じた言葉を発している、と考えるのが密教思想です。そしてその聴き取りのサイズに応じて十の位階や質的差異があるとする『十住心論』は、十の位に住む十の心つまり「十住心」について、下位の心（や世界）を上位の心（や世界）へと導くための指南書でもあると一章で述べました。言葉の歴史的縮退過程のいわば切っ先にいる現代人ならいざしらず、空海の時代にしてすでに、「生」や「死」についての人々の理解は縮退してしまっていると見られていたわけです。

我々の言語活動に先立って実在世界を限定する言葉、すなわち「住心」の聴き取る言葉は、その「住心」の住んでいる実在世界によってすでに逆限定されている言葉でもあります。「住心」の水準に応じてその人の実在の水準が決まるといいかえてもよいでしょう。世界を限定すると同時に世界によって限定されるこの〈言葉〉は、世界へと嵌り込むための媒介としてなら、つまり身体的・共感的理解を要求するものとしてなら、それ自体が一種の情意すなわちパトスでもありました。当然ながらそのパトスもあの「聴き取り」に応じて姿（つまりはサイズ）を変えるでしょう。上代であれ現代であれ、人は一般に己の情緒のサイズを超える情緒は聴き取れない（理解できない）わけです。

意味から入るのではなく、リズムや身振りから入る先の「マントラ」も、そうすることによってむしろ理屈以前の聴き取る能力を鍛え、さらには身体感覚や情緒をも鍛えるエクササイズともなっています。この意味でまたそれは言語能力における一種の筋力を鍛えるとともに、それ以上にいわば関節の可動域を広げる一種のストレッチの役割も果たしているといってよいでしょう。そうして聴き取られるべき〈言葉〉、すなわち拡大した身体感覚によって感じ取られる〈パトスとしての言葉〉は当然ながら生きた言葉です。見過ごされてはならないのは、この場合の〈生きた〉という形容詞が、多くの人々の思い描くそれを超え、これらの人々の〈生きた〉についての理解そのものがそこからの派生であるような〈生きた〉だということです。

七

よく知られているように古代のギリシア世界でも、生物学的生命を基にして「生ける宇宙」という比喩が成立したのではなく、むしろこの逆、すなわちコスモスという「生ける宇宙」からの類推あるいはこれの比喩としていわゆる「ミクロコスモス」としての人間理解が成立しています（注三）。密教思想とは趣を異にしながらも、ここギリシア初期思想でも、宇宙と生き写しとなった〈言葉の宇宙〉のサイズがすくなくとも我々のそれとは大きく異なっていたことは想像に難くありません。宇宙全体が音声を発し一種の音楽を奏でているという　―　この点では密教思想にも通底する　―　いわゆる「ハルモニアー」のアイデアはすでに第一章の冒頭で紹介しました。いまやこのアイデアを理解する場合も、まずもってこの「ハルモニアー」と現代の「ハーモニー」との言語的サイズの違いに注意が払われねばならないわけです。そしてその言語的サイズはその時代の人々の時間のサイズや身体感覚のサイズと連動しているのでした。

何より重要なのは、一章末尾でも少し触れましたが、ここでは語るのは人ではなく、むしろ言葉が語るということです。人によって語られた言葉がすでに当人の何たるかを――つまり当人の身体のサイズや世界のサイズも含めた当人の本質を――語っているからです。あの「三・一一」での津波の災禍を、同じ被災者でありながら、「海が牙を剥いた」と表現する人もいれば、「自然が伸びをした」と語った人もいました。「牙をむく」や「伸びをする」という言葉そのものが、その語り手自身の海つまり自然についての暗黙の了解を如実にもの語っており、さらには自然と人間との関わりについての暗黙の了解を、ひいては森羅万象全体についての根本的な了解を如実にもの語っています。一章でも「己の存在基盤に立ち返った者の言葉」として紹介しましたが、ひとは、自身の世界について語る前に、すでにその世界の中から語っているのです。とくに、「牙をむく」という表現が人間の利害に立ったそれであるのに対して、「自然が伸びをした」との言葉は、こう語るその人間のサイズを通して、いわば大きな世界がみずからを大きく語り出しているようにも思えます。そしてこの言葉に救われた人がいたなら、この言葉は「仏の言葉」です。

八

言語のサイズはその時代の人々の時間のサイズや身体感覚のサイズと連動しているということについて、最後に、上述の密教の言語哲学とも一脈通じる次のもう一つの言語学上の知見に触れておきましょう。まずは以下の「文章」を朗読してみてください。

「だいたいぼくゴルフしないもんですから……（20秒）　いったいセントアンドリュースっつうのがどれほどのとこなのかもよくわかりませんし……いったいなにを撮ったらですね……セントアンドリュースらしいかとですね……そういう知識もほとんどない……ま、ある程度いろんな写真をですね、先に見て打ち合わせはしておいたんですけどもね……実際行ってみるとほらそれがどこにあるんだかわからないし……ゴルフ場って大変広いですからね……」（梅田規子『ことば、この不思議なもの』、冨山房、二〇一二）

なんでもない日常会話の筆写です。いまこれを朗読してもこの文が実際に自発的に自然に話されているときの自由闊達な会話状況は再現できません。すでに本論文冒頭で、朗読によってこそ捉える（あるいは再現する）ことのできる作者の「思考の行き来」というベルクソンの考えについて祖述しました。いまこの意味での朗読によってもなお捉えることのできないものとして、日常の自由会話における「ことばの自発的で自然な放出」（いわゆる「おしゃべり」）というリアルタイムでの生きた「話し言葉」に注目したのが右の引用の著者です。

もう少し詳しく紹介しましょう。この「自由会話」すなわち「おしゃべり」が進行し、「カメラの機材とかいっぱい持ってロンドンに行ったんですけれど」と、話者が一気にしゃべる場面が現れます。約二秒半の句です。この句には撥音や促音を含む二十四個の音節が含まれており、単純計算だと十分の一秒で一音節というペースになります。早口言葉ならともかく、ある程度抑揚の聞いた声で、しかもはっきりと意味が伝わるように、これだけの時間内にこれだけのパッセージを言うとなると、計算上は極めて困難なことになるそうです。しかし実際にはいとも軽々と話され、聞いている方も難なく意味を汲み取れます。

著者はこれを「地情報」と「知情報」とを区別することによって考察しています。「地情報」とは「リズムが運ぶ情的な、あるいは相手や場との関係のような、捉えどころのない、空気のようなもの」であり、対する「知情報」は「言語で表される実質的な単語や成句」およびそれらの運ぶ意味などを指します。注目すべきは、後者の知的な言語情報に比して圧倒的な豊かさを持つ前者「地情報」を、著者がさらに「私たちを取り巻く世界の性質、大きさ、濃淡、速度、柔らかさなど」にまで広げて解釈している点にあります。そしてこの拡大された「地情報」は端的に「自然のリズム」あるいは「生命のリズム」と呼ばれます。ここでは、会話は単なる言語活動なのではなく、世界を巻き込み世界に巻き込まれた一活動とみなされるわけです。先の「カメラの機材……」のパッセージを二秒半でしゃべるに際して生じる音韻融合も、右の「自然のリズム」に基づくリズミカルな動きのバックグラウンドが会話を柔軟にしていることによる、というのが著者の結論です。「話し言葉」と「書き言葉」の区別や「地情報」と「知情報」の区別、そして「自然のリズム」や「生命のリズム」等の概念はいささかナイーブですが、言語のバックグラウンドに注目したその言語観はすでに紹介した密教の言語哲学と響きあうと私は思います。

おわりに

すでに挙げた禅のテクストですが、訳とともにもう一度見てみましょう。

> 「用大のときは使大なり、用小のときは使小なり。」（訳：働きが大きいときは使い方も大きいし、働きが小さいときは使い方も小さい。意味：水を大きく使わねば魚は魚として大きく働けず、空を大きく使わねば鳥は鳥として大きく働けない。あるいはこの逆、魚を大きく使わねば水は水として大きく働けず、鳥を大きく使わねば空は空として大きく働けない。）
>
> （道元『正法眼蔵』「現成公案」）

身体を大きく使う仕方で言葉を大きく使うことを旨とするその特殊な言語感覚、とすでに密教思想の言語哲学について紹介しました。世界と人とのいわば蝶番としての言葉を通して、人は世界を大きく使わねば人として大きく働けず、また逆に人は言葉を通して世界によって大きく使われねば世界も世界として大きく働けません。そのとき言葉も言葉としては、つまり人と世界の蝶番としては大きく働けない。この点では右の「公案」と密教には同一の趣旨が読み取れます。この意味で大きく使う・使われるという関係にあるとき、人によって使われる言葉は人の「所有」であり、人を使うなら、言葉はその人の「存在」に位置しています。言葉に嘘がない、これが存在としての言葉のあるべき姿なら、言葉を正確に把握・使用する、これが人によって所有された言葉のあるべき姿でしょう。後者では厳密さが規範となり、前者ではあの「誠実」が指標となるということです。この意味で、森羅万象によって言葉が「所有」される（つまり「具される」）とともに当の所有者自身（つまり森羅万象それ自体）の「存在」でもあるとした場合が、密教思想での「声字実相」にあたると私は考えます。

さらにこの引用での「大きく使う」あるいは「大きく働く」という考えは、言葉と実在との相同性――生き写し――を言う密教の言語思想とも通底します。しかしながら単なる〈生き写し〉を超え、互いに映し合う人も言葉も、映し合いつつ「大きく働く」には、そのつどいわば一定の負荷に耐えねばなりません。すなわち人によって大きく使われる言葉はすでにそれだけの負荷のかかった言葉であり、言葉によって大きく使われる人もある種の負荷に耐えているということです。あの「海が伸びをした」という言葉もおそらくそうだったように、負荷があるかぎり、だれもがこうした言語使用に耐えられるわけではなく、また言葉のほうでもときに負荷に耐えられないこともあるでしょう。負荷に耐えられぬ人にとってこうした〈負荷─被負荷〉関係は、むしろ言葉の縮退過程──ありきたりの表現や流行の表現へと言葉が一様化してゆく過程、あるいは言葉が単なる記号となってゆく過程──を進める一因ともなるかもしれません。また、だからこそ、これに歯止めをかけるかのように、いまもって我々はときに言葉に負荷をかけるのかもしれません。

禅語としてのあの「挨拶」にも見られたように、〈己のいま・ここ〉という特殊な時間性や所在性を重んじる禅の領域では、右の〈負荷─被負荷〉関係の緊張感を、あの臨済禅の「喝」に見ることもできるでしょう。「問答」という対話形式がこの臨済禅で重要視されるのも、もとはといえば己の現在へと立ち返るべく、言葉に最大限の負荷をかけるためではなかったか、というわけです。さらに遡って考えるなら、はじめから言葉を大きく使う先の密教思想にあっては、みずからの言葉には常に最大級の負荷がかかっており、同時にそのことによって自分自身の存在にも常に最大級の負荷がかかっています。はじめから大きな言葉の重力場に住み続けることによって日頃から知らぬうちにあの〈言葉の筋力〉を鍛えることにもなっているということです。言葉からこうした時間的緊張感──当事者感や臨場感──を抜き取るかのように働く現代のネット社会やサイバー空間も、一方で、失われ行くその時間的緊張感をむしろみずから取り戻さんとするかのような仕組み(チャット、ツイッター、ライン、ズーム、ミート等)によって拡大して行く様は興味深いと思います。

注

一　ここでは、たとえば記号 Zeichen から指標作用 Anzeichen を除外し、さらに表情や身振りや伝達作用等さえも除外した初期現象学の行き方を逆に辿る態度が要求される。すなわち、実在世界への一切の連関を断ち切った純粋な表現 Ausdruck の、さらにその下層の前‐表現的な意味層へと辿り着こうとする歩みを逆に戻る姿勢が密教の言語理解に見出せる。この場合、「最下層の前‐表現的な意味層」そのものがすでに一つの言葉であり、さらにこの言葉それ自体が実在そのものの実相となる（空海はこれを「声字実相」と呼ぶ）。ちなみに、こうして実在を〈読む〉かぎり、空模様を読んで天候を利用するごとく、ここには実在を利用し操作する側面がある。ベルクソンは操作・利用を真の実在理解から外したが、空海では両者（実在の利用・操作と実在の真の理解）は分かれない。

二　仏教思想では「身」の区分として「法身」「応身」「報身」が一般的である。密教思想（特に東密）では「法身」――すなわち宇宙の理法そのものとして捉えられた仏――そのものが自身を語り続けるものとされ、「法身」は自身を語らないとする顕教の立場とは本質的に異なる。

三　最古の「断片」として知られているアナクシマンドロスに始まって、ヘラクレイトスやエンペドクレスなどのいわゆるフォア・ソクラティーカーたちの「断片」に多く見られる特徴が〈同一語句の反復〉であることはよく知られている。ヘクサメトロスの形で「真実在（ト・エオン）」を記述したパルメニデスの断片でも、韻を踏んだ仕方でこの〈反復〉が多用されており、それは宇宙の反復運動すなわち円運動を言葉（ロゴス）にそのまま写し取ったものと考えられている（『ソクラテス以前哲学者断片集』第Ⅱ分冊、岩波書店、八三、八六、八七頁参照）。密教思想での「生」や「死」の〈繰り返し〉とは異なるが、やはり古代ギリシアの初期思想でも、生成消滅のない宇宙の円運動の〈繰り返し〉が、「繰り返し」という言葉で説明されるのではなく、実際に反復される言葉の〈繰り返し〉にそのまま写し取られるわけである。こうした言語使用の背景にある「生ける宇宙」は、現代の生物学における有機生命体からの類推ではなかった。なお、このギリシア思想における「反復」の観念と、本論「おわりに」で述べた「負荷」の観念については、東北哲学会（二〇一二年、於東北大学）の席上で内山勝利氏（京都大学名誉教授）から直接ご教示いただいた。この場を借りてお礼を申し上げる。

使用テクスト（本文中に記したもの以外）
『弘法大師空海全集』第六巻、筑摩書房、二〇〇四

六章　まことの花

はじめに

何事にもナレることなき向上心、これが世阿弥のいう「初心不可忘」の実質的な中身でした。以下では、すでに第一章で紹介したこの「初心」を軸にして、「まことの花」という視点からあらためて世阿弥の思想にアプローチしてみましょう。キーワードは「ナレ」と「遅さ」そして「技・術・芸」と「演ずる・賭ける・遊ぶ」です。

一

立ち塞がる現実を遣り過ごさず、所与のひとつひとつに向き合い、それらを己の都合で十把一絡げにしないこと、すでに私はこれを「誠実」と呼びました。出会うもの一つ一つに釘づけにされ何にもナレることのないこの「誠実」は、したがって自分にもナレることなき「初心を忘れぬ向上心」と重なるものでもありました。この「誠実」が、己自身に対する誠実さ、すなわち自分自身が拠り所にしているモラルそのものをも解体する力となるならば、これまでにも述べたニーチェのいう「強者」の特質も併せ持つことになります。他者を否定することによってしか自分を肯定できない「弱者」に対し、自分を肯定するためにわざわざ他者を否定する必要のない「強者」は、出来上がった己を平気で否定する高次元の肯定を生きているのでした。

このような「強者」の性質を持つ「誠実」では、己を否定する己の高さは、意図的にへりくだる謙遜のそれではなく、己に安住しない高邁のそれとなるでしょう。勝って兜の緒を締めるのが前者なら、そもそも「勝った」と感じないのが後者です。この「誠実」では、右に高次元の肯定と述べた高い己の側から、出来上がった目下の己は、脱ぎ棄てられるべき低い己として、いわば自動的に否定されてきます。自然な成長が脱皮を必要とするように、生成する自己が出来上がった自己（つまり抜け殻）を自然にあとに残してゆくわけです。

このような視点に立つならば、あの十把一絡げ ― 見るもの聴くものすべてが或る種の生存原理や行動原理によってそのつどすでに選択的になされている〈ナレ〉― に関しても、「強者」と「弱者」とに則る二様の事情が現れます。すなわちナレは、己の直面する現実を直視しない「弱者」の構造に、つまりは自分にとって都合のよいものだけを肯定する「弱者」の構造にまずは現れます。一方でナレは、生成する自己が出来上がった自己や出来上がった世界を凌駕する「強者」の構造にも見出せます。とくに後者の場合の「強者」におけるナレをもたらす別の十把一絡げを、本章の補ではベルクソンのいう「圧縮」ということから一瞥してみましょう。

ともあれ、意識するしないにかかわらず、そのつどすでに我々は生の原理的な要請としての効率性に則って生きています。分節・裁断・選択された世界を生はすでに真の世界や現実の世界として生きてしまっているということです。見聞きされることが当たり前とされ、存在していることが当たり前とされる我々の日常の事物・事象そのものが、まさにそのゆえにかくも見過ごされ、かくも飛び越され、かくも忘却された〈ナレ（成れ）の果て〉なのでした。「誠実」はこうした忘却を告発し、自明性を裏返し、日常性を停止させ、慣れ親しんだ都合のよさを粉砕することを、第一章では石牟礼道子を例にして述べました。見るもの聞くもの触れるものすべてに不慣れで、いつまでたってもそれらに馴染まず、そのゆえにかえってそれらのすべてに心を奪われる「誠実」つまりナレナイこと。それは人をしてその人自身の構造的以前へと差し戻すのでした。

　これまでにも「自己の存在基盤」や「自己の本質」等として述べてきたこの構造的以前では、あの万能細胞のように、何にもナラナイからこそ何にでもナリエル潜在力を秘めつつも、どこまでも〈ナル〉側へとは向かわない特殊な性格が現れます。その性格は、可能性を可能性のまま留め置く純粋な無規定性としての〈遅さ〉です。〈急がぬこと・急がせぬこと〉ともいい得るこの遅さは、〈始まり〉がそれを後方（しりえ）に始まるそのそれとしての、言い換えるならそれ自体は原理的に始まらない遅さです。

二

この〈遅さ〉をふたたび世阿弥の芸道論で見てみましょう。どこまでいっても己の芸を落とさぬこと、そのために己の現状に慣れてしまわない高さを保つこと、ここに世阿弥の真骨頂がありました。終始己を落とさずに居続ける努力を支える高さは始まりの時点に身を保つ高さであり、それは始まり以前に身を保つ高さでもありました。私はこれを、ことの初めでさえすでにことの終わりである、と表現しました。始まり以前に身を保つとは、歩んでなお始まりの地点から一歩も進んでいないということにもなるでしょう（客観的に上達していないのではなく）。ここに〈遅さ〉が潜んでいます。

そもそも歩んでなお始まりの地点に居続けるには、その己の歩んだ道のりがそれ相当に長ければ長いほど、当の道のりがむしろ何ほどでもなくなるさらなる道行が眼前に開けていなければなりません。ここでは、己の足下に始まり以前の次元が垂直に（つまり構造的に）開けていることと、その己の眼前に無限の道が水平に開けていることとは表裏一体です。進んだ分だけ目標に近づく一般の歩みとは異なって、芸の道は歩めば歩むほど遠くなるのです。誰よりもじつは〈速く〉進んでいるこの〈遅さ〉こそ、芸の達人にしてなお己を青二才と知る所以です。

マルセルの言葉を使うなら、成熟とは、何かが身に付いてゆくことつまり「所有」の増大ではなく、身に付いた「所有」を無駄なものとし得る自身の「存在」の充実です。しかもこの「充実」は、当の充実を不充実とみなす高次の充実以外の何ものでもありません。時を経るにつれ、己をむしろいつまでたっても熟していない己と悟る己が育ってくる、これが熟するということの本質だということです。いつまでたっても熟さぬ〈遅さ〉が真に熟する道なのです。

そもそも未熟を未熟と知るには未熟が未熟として姿を現すための場（つまり心）が形成されてい

なければなりません。このとき、この未熟の構造的以前、あるいはそういってよければ未熟の〈おいてある場所〉が成熟した心でしょう。こうした場所が形成されていないとき、今度は逆に成熟が未熟に〈おいてあるもの〉となって顔を出します。すなわち、己を成熟とする慢心は、そのゆえに未熟な心だということです。真に成熟した心（＝己を未熟として顕わにする場としての構造的以前）は、芸道における上達を保ち続けるナレナイことつまり「誠実」の主体です。「純粋さとは汚れをじっと見つめ続ける力」（ヴェイユ）であり、「己の惨めさを知る人間は偉大」（パスカル）なのでした。

三

芸道を支えるこうした特性　―　所有の増大ではなく存在の充実　―　は『風姿花傳』に謂われる「誠（まこと）の花」にも見てとれます（「第一、年来稽古條々」）。肉体の若さゆえの華々しさ、つまりおのずと身に備わるいわば身体的華やかさは、そのゆえにやがて時とともに失われる「時分の花」です。こうした若さから来る一時的な効果を超えた「花」が「誠の花」（「真の花」）であり、それはまた時とともにむしろ次第にその真価を現す本当の「花」、むしろいかなる「時」にも左右されない永遠の「花」とされています。「時分の花」はいわば眼に見えるモノであり、対する「誠の花」は眼に見えぬ傾向ともいえるでしょう。前者を演者によって「所有」された花、後者を演者自身の「存在」の花といいかえることもできます。

このような「誠の花」は、それがいかなる時にも左右されない「花」であるかぎり、むしろ「花」つまり「観客に感動を呼び起こす魅力」をいつでも時に応じて実現できる技能を伴います。習得に終わりがない「誠の花」のこの技能性格は、したがって何も考えずとも体が勝手に動くいわゆる自然体における忘我の境地 ― 集中・緊張の極致で不意に訪れる高揚感 ― ではありません。しかしまたそれは観客への効果を意図的に狙った計算でもないでしょう。これら両方の性格を超えた「誠の花」の特異な技能性格は、〈役との一体化か、それとも役の知的操作か〉という思考方式では捉えられないわけです。

また、当初できていた芸がやがて肉体・体力の衰えと共に維持困難となったとき、なおもその〈**芸を技でこなす術**〉を得んとする、そこに咲く「花」が「誠の花」であるともいわれています。その意味では、持って生まれた肉体の花つまり「時分の花」は、むしろ「誠の花」を得るための出発点ともなるでしょう。出発点でありながら、しかしその「花」つまり「時分の花」は、むしろそれが艶やかであればあるほどときに人をしてその後の努力を怠らしめます。いわゆる地力に勝る人、つまり持って生まれたものの優れた人にこそ当初の「時分の花」は咲き、そしてその「花」によってこそ人と違った稀な人ともなるはずが、逆にその持って生まれたものへの依存がかえって「誠の花」への精進を閉ざすのです。生まれつき花のある人にしか「誠の花」は咲かぬのに、生まれつき花のある人ほど「誠の花」からは遠ざかる。「時分の花」は「誠の花」にとっての機関にして障害つまりは諸刃の剣だということです。

この「誠の花」を咲かせるべく、しだいに維持困難となってゆく己の「芸を技でこなす術」は、しかし術であること自体を相手に（つまり観る者に）悟られてしまうとその効果は失われます。術が術と知られてはいわば元も子もないわけです。しかしだからといって役者の側での、端（はな）からこの「花」を咲かせようとも意識しない無頓着や無垢・無心には、この「花」も同時に無縁の存在となるでしょう。〈芸を技でこなす術〉は、術策の無いまったくの自然体にも、術策のみの計算に基づいた心術にも、どちらにも根付かないことは右にも述べた通りです。この術の在り方を世阿弥は「秘」と表しています。「秘すれば花なり、秘せずば花なるべからず」（『風姿花伝』「花傳第七別紙口傳」）。この「秘」はしたがって無心と有心の中間、あるいは直接性（＝一体化）と間接性（＝計算）の中間といってよいでしょう。

　この「中間」ということに関しては、すでに別の章で述べた「離見の見」にも同様の構造が見て取れました。「シテ（主役の演者）」が役に没入し、役との一体化が成就するとき、むしろそこに開ける視野はあたかも己を後方から、あるいは客の側から観るかの如くの視野（つまり「離見」）となるのでした。理性的な客観性とは別の、むしろ没入し一体化する没距離によってかえって開ける距離性が、この「離見の見」における特殊な客観性だとするならば、ここに垣間見える在り方もまた直接性（一体化）と間接性（計算）との中間です。この「離見の見」に関しては五節であらためて述べましょう。

四

加齢とともに容貌・容姿は衰え、体力は落ち、物事に慣れる・馴れる仕方で注意力は低下します。演ずることのできる演目も次第に減って行くなかで、避けることのできぬこの試練に直面して、己の芸を技でこなす術を苦心して修練・習得するところに「誠の花」は咲くのでした。他方、ここから峻別された「時分の花」における「時分」の観念には、物差しとしての一般的・公共的時間つまりは空間化された時間規定が含まれています。時間が物差しとなるにはいわばテーブル上にすべての時間が一通り出揃っていなければなりません。すべての駒が出揃った時間テーブルの一区画、それが「いま時分は〜」あるいは「もう〜の時分」といわれるときの「時分」、すなわち「分けられた時」の意味だということです。となると、「時分の花」つまり若さの花はときにみずからを永遠（＝すべての時間）と思い込むことにもなるでしょう。ならば分けることのできない「時」、つまりすべてをいっぺんに並べることのできない「時」、したがって急ぐことなく待つしかない真の時間が「誠の花」を咲かせるには必須です。さきにはこの真の時間を〈遅さ〉として述べました。

もとより「まこと」への歩みはある種の単純さへの ― そしてヴェイユのいう「純粋さ」やパスカルのいう「偉大さ」への ― 歩み、すなわち余計なものが取れてゆく歩みでもなければなりませんでした。ある高さに身を保つには、身に付いた芸からくる重さ（つまり所有）以上に、むしろ身につけてしまった余計なものを振り落とす軽さ（つまり存在）がものをいうということです。ただしこの軽さは身を削いで（殺いで）えられる軽さではなく、いわば枯れた（涸れた）身の軽さです。吟醸酒を造るために削がれた米の軽さが前者なら、余分な水分をとばす干物の軽さが後者です。後者つまり高濃度のうまみだけを残す己への道も、右の〈遅さ〉とともに「誠の花」には重要です（注一）。

さて、一般にハナ（花、鼻）あるいはハ（端、葉、歯、刃）とは物事の先端にして発端、そして終端を意味する概念であることはすでに紹介しました。時間的にも空間的にも他に比べて抜きん出たところの意味でした。「鼻」は顔の先端や岬の先端、「端（はな）」は文字通り物事の時間的端緒や空間的両端です。いわゆる事の端としてのコトバ、すなわち事柄の先端部分としての言葉も、たんなる記号としてなら事柄を描写する道具であり、しかし事柄に咲いた花としてならそれ自身が事柄の一部です。事柄と他の事柄との切り結ばれる地点といってもよいでしょう。この意味での言葉はこれを語る人間の一部、そして他者と切り結ばれる先端部だということです。

実際、植物の一連の成長過程の果てに咲く花も、ときに命の終わりであり、実を結び種を残すものとしてなら命の発端です。終わることが始まりとなる命の連鎖のいわば節目に咲くのが花なのです。そして世阿弥のいう「花」も、世代交代を恐れず役目を終えること、つまりは〈己を終えること〉を恐れぬ心にこそ咲くといってよいでしょう。始まりが始まりでないことをすでに〈遅さ〉として述べました。いまや「花」は終わりが終わりでないことをも教えています。始まりが始まりでないこと（＝何も始まっていないこと）を教え、終わりが終わりでないこと（＝永遠に終わりのないこと）を教えるこの「花」によって暗示されるもの、これこそが芸道を歩み抜いた人つまり達人のまさに終局に立ち現れるあの「初心不可忘」です。終わるとは何も始まっていなかったということであり、何も始まっていないとはもともと己は何ものでもなかったということです。己の構造的以前に戻るということです。生涯を賭けて築き上げたものがこうして藁屑以上のものでないと知るとき、ここには一つの深淵が覗いています。この深淵ではしかし自己の所有ではなく自己の存在が最大となっています。遅さつまり急がぬことが最大となっているといってもよいでしょう。

加齢とともに余計なものが取れ、加齢とともに己を終える恐怖が消える。芸道に限らず、この「花」の齢（よわい）を踏む心は、いまや己を終えることを恐れない心というよりも、むしろ己を終えることがそれとして問題化しない心、かくも自然に己を終える心といったほうがよいでしょう。それはまた、余計なものがないことを重んじる心というよりも、余計なものがないこと自体がことさら問われることなくそれを平気で生きている心です。「平気で生きられるときは平気で生きておればよい」（永平寺、宮崎管主）として、〈平気さ〉自体を平気で語る素地つまり心という場所に咲く「ハナ」が、この〈平気さ〉という言葉のパフォーマティブな意味だといえるでしょうか。それほどに純度の高い己への、それほどにうまみの濃縮された（つまり「枯れた」）己への道をいまやこの心は歩んでいます。ここでは、己へと成りきれば成りきるほど、むしろ当の己を毫も実現できていない己として、それどころかこの己から次第に遠ざかる己として、ひいては端（はな）から何も始まっていなかった己として、ひとは最期を迎えます。これが己の構造的以前に戻るということでした。

総じて、己に成りきるとは何にも成れない（慣れない、馴れない、熟れない）己のままであり続けることであり、終わらないどころか始まってさえいないことを貫き通すことだと考えましょう。或るアメリカの老富豪にまつわる逸話を第一章で紹介しました。「全財産をはたいてでも叶えたい望みはあるか」。こう聞かれた彼は、大好きな『ハックルベリー・フィンの冒険』をまだ読んでいない状態に戻してほしいと答えたのでした。いま同じものを読んでもあのときの感動は戻らない。始まりの地点に戻るとは始まり以前の地点に戻ることなのです。始まってさえいない状態、すなわち構造的以前たる純粋な可能性の充満へと、本来の「初心」は常に我々を差し戻し続けるのです。

五

少し話はそれますが、己の人生や世界の実相を「ゆく河の流れ」と見ることで知られている『方丈記』の無常観はご存知かと思います。「河の流れ」をそれとして見るには河岸に立たねばなりません。ならば「無常」とはすでに生の実相を丸ごと外から（つまり河岸から）眺めることで得られた観念です。生の外に立てるか否かは措くとして、すくなくとも己の人生をそのように眺めぬ者にはこの種の観念は生じません。そしてこの「内・外」という枠組み、すなわち「一体化か計算か」あるいは「直接性か間接性か」という枠組みには属さないのが、あの「秘すべき術」としての「誠の花」でした。

「離見」も同様です。「離見」は「見所」（つまり観客の側）に立って己の姿を観る境地に立つ「見」でした。観客の眼を経るこの特殊な客観性（あるいは観客性）は己を丸ごと外から眺める客観性ではありませんでした。この「見」は「河の流れ」の外に立つそれではないということです。しかしまたそれは「河の流れ」に身を任せるそれ（つまり一体化）でもないでしょう。先読み的怜悧（＝知的計算）でないのはもちろん、紙背に徹する千里眼（＝超感性的直観）でもなければ神秘的な見神（＝知的直観）でもありません。

もっとも、こうして〈外か内か〉あるいは〈知性か直観か〉といういわばヨーロッパ的なアプローチを拒むかに見えるこの「離見」の概念も、いくつかの点でヨーロッパ的視点からの解釈は可能です。最後にその一つの例として、別の章でも紹介した「**演ずる**」「**遊ぶ**」「**賭ける**」の三義を同時に有するヨーロッパの語 ― 英語では play、仏語では jouer、独語では Spiel ― の概念に基づいて、あらためてこの「離見」を解釈してみましょう（これら三つの意味を一語で表す語が東アジアには存在しません）。

一般に、そもそも「離見」の境地にまで至るほどの役者なら、まずは役を「**演ずる**」ことにおいて己の存在をその役へと「**賭して**」います。その場合、そこへと己の存在を賭す仕方で演じる彼の行為は、そのゆえに当の行為に外部性が存在しなくなる行為です。すなわちそれは何のためでもない行為、つまりは「目的なき行為」あるいは行為自体が目的となる「目的内在的行為」としての「**遊び**」です（これはオランダの歴史学者ホイジンガやフランスの社会学者カイヨワの考えです）。「離見

「役の世界へと身を投ずることによってむしろその世界がおのずと我がものとなることといってもよいでしょう。それはいわば手放すことで手に入れること、すなわち与えることで奪うことです。

しかしながら演者の側での〈演じられる賭けという遊び〉というこの側面は、まさにその構造のゆえにこそ、冒頭でも述べたあの「弱者」の構造に繋がり得るものともなってきます。それはどういうことでしょうか。

ニーチェは言います。いわゆる「禁欲主義的僧職者」すなわち「苦しんでいる者に対する支配」を得意とする「畜群の救い主」は、いわば「人を病気にする医者」だと。「健康者を病気にする」この「医者」は、つねに「苦しんでいる者」つまり「病人」を必要とする「弱者」です。「健康者への嫉妬」のゆえにみずからの「畜群」を保護するこの「医者」は、そのゆえに「病める畜群の牧者」となるのです。彼は己を差し出す前にすでに相手の健康をいわば担保に取っているわけです。与えることで奪うのではなく、まずは奪ってから与えるといってもよいでしょう。いわく、「彼らが医者となるためには、まず傷つけてかからなくてはならない」。ポイントは、そのような「医者」もやはり「救い主」を演ずることへと己を賭しており、そのかぎりで彼の「支配」もまた外部性なき行為（＝支配のための支配という行為）つまり遊びとなるということです。すなわち、〈演じられる賭けという遊び〉は、まさにその構造のゆえに、このような「医者」と同種の「弱者」へと容易に転化し得るということです（『道徳の系譜』第三論文第一五章）。

印象派の画家セザンヌは言います。芸術家は「みずからの身体を世界に貸し与えることで世界を絵に変える」。世界に身を委ねる仕方で世界を己の世界に変える赤子のように、能の役者（シテ）も、自分が魅了し我がものとするはずの観客にむしろ自分がすでに委ねられてもいます。このときもしシテが、観客を使って己の不足の穴埋めをしようとするならば、彼も奪ってから与える「弱者」となるでしょう。総じて、与えることで奪う術、あるいは擲つことで獲得する術、すなわちその位置の高さによって客を自然に魅了するはずの「秘せる術」は、しかし事と次第では、客に迎合しつつ客の質を落とす歪んだ自己保存 ― つまり「病気の医者」の処世術 ― へと堕する危険を免れません。

この危険を避けることができるのは、やはり「初心不可忘」のあの「高さ」です。しかしいまそれは、観客の側に対しても、能に癒しを求めない強さを要求していることに注意しましょう。「病気の医者」を出現させてしまう「畜群」にならない努力を、能は今度は観客の側に要求するということです。能に限らずおよそ芸術は、癒すものではなく、生の強さから来るといってもよいでしょう。芸術は、生への無関心からではなく、創作者であれ鑑賞者であれ、生へのより強い関心から生まれるものだということです（注二）。

注

一　種々の解釈を許す「わび」「さび」という日本の価値観も〈余計なものがないこと〉という観点から捉え返せる。「さび」は動詞「さぶ」に由来し、同時にこの語は、「寒い」「寂しい」という空間的な単調性を表す語と、「錆びる」という時間経過における単純・一様性への移行を表す語の双方の共通の由来を成す（この意味では動詞「わぶ」から来る「わび」も「侘しい」という情緒的・情感的な単調性・単純性の由来を成すと見ることができる）。派手な色調よりも地味な風合いを重んじる精神は、むしろ単調性や単純性といった余計なものがないことを重んじる精神でもある。また「わび」や「さび」に通じる「枯れ」という概念にもこの〈余計なものがないこと〉の意は窺える。水を用いず地形のみによって山水を表す枯山水の例や、鰹節の一種である本枯節という言葉にもこの「枯れ」の典型例を見出せる。通常の鰹節に焙乾や黴付けなどの処置を何度も繰り返し、およそ一年かけてもとの大きさの六分の一ほどになるまで枯れさせる。うまみが濃縮し、一般的な鰹節の何倍もの味を醸し出すこの本枯節の持つ「枯れ」の効用は、枯れることによって余計なものが取れ、高純度のうまみだけが残ることである。

二

「芸術とは癒さず、鎮めず、昇華させず、無関心にしない」という、フランスの哲学者ドゥルーズの考えが参考になる（『ニーチェの哲学』）。一般に芸術は生への無関心から生じるといわれるが、芸術はむしろより良い（＝より強い）生へのより強い関心から生じるとドゥルーズはいう。

六章補　圧縮、あるいは別の十把一絡げ

ベルクソンはいう。「拳《こぶし》」や「風」や「電流」がそれぞれの仕方で「ベル」あるいは「鐘」sonnetteを鳴らすとき、鐘は、こうした外的刺激の如何にかかわらず、常に「音を出す」というまさにその理由で、これら諸々の刺激のすべてを「鳴らし手」sonneurとして一般化つまり「圧縮」してしまっている、と（注二）。「鐘が鳴る」というただそれだけのことが、鐘を鳴らす多様な原因をまさに「鳴らし手」という存在へといわば十把一絡げにし、十把一絡げにする仕方で一般化しているということである。この場合重要なのは、この「鳴らし手」という仕方での一般化つまり「圧縮」が、「鳴らし手」という概念による一般化つまり知的に表象された一般化ではなく、「鐘が鳴る」という仕方で遂行された一般化であるという点にある。

この「圧縮」は「ハナ」という日本語の一般的な意味にも当てはまる。ハナは物事の先端にして発端そして終端を意味し、時間的にも空間的にも他に比べて抜きん出たところの意であった。このようなハナなる〈稀なもの〉の出現は、ときにそれ以外をして〈その他大勢〉へと成り変わらせもするだろう。すなわちハナ　―　際立ったものや突出したもの　―　によって、それ以外の多種多様が一種一様へと十把一絡げにされるということである。右の「鐘」の例に倣うなら、ハナは、ハナであるというただそれだけで、すでに自分以外の者をいわば〈引き立て役〉として「圧縮」してしまってい

るといえるだろう。そしてここでの「圧縮」という一般化も、概念による一般化ではなくハナとして遂行される一般化である。

こうした一般的な意味におけるハナの〈稀なもの〉という特徴は世阿弥のいう「花」にも窺える。世阿弥は「花」と「珍しき」と「面白き」とは同じ一つの範疇を形成するという（『風姿花傳』「花傳第七　別紙口傳」）。「珍しき」も「面白き」もともに〈稀なもの〉の特徴である。そしてその「花」も、ハナと同じく、周囲つまり取り巻きをおのずと〈その他大勢〉へと十把一絡げにするであろう。もっとも、「面白き」がいわゆる〈趣がある〉という意味ではなく、字義通り〈目の前が開ける感じ〉をいうのであってみれば、世阿弥の「花」は眼前の閉塞を破り道を開く一契機ともなるだろう。六章では世阿弥のいう「まことの花」を、始まりが終わりとして、終わりが始まりとして現れる節目という点から述べた。目の前の開ける「花」が同時に物事に始まりも終わりもないことを教えるとき、それが「まことの花」である。

＊

一般的な意味のハナに戻ろう。

この〈稀なもの〉にとっては、自分以外の一切が〈その他大勢〉へと十把一絡げにされるからこそ、ときに常人には障害となるものが障害とはならないことがあるのではなかろうか。見るとかえって実体化する障害はむしろ見ない方がよい、とはベルクソンも述べる通りである。そのベルクソンのあげる例、「オルレアンの乙女」聖ジャンヌダルクの例に倣うなら、障害を見ないとは障害を意に介さない能力、あるいは阻止するものを阻止する能力といってもよいだろう。世阿弥のいう「花」が「面白き」ものとしてなら「目の前の開ける」ものであったように、障害を意に介さないハナなるこの〈稀なもの〉ジャンヌも、目の前を開き希望をもたらすものとしてなら「花」である。見落とされてはならない差異が見落とされる十把一絡げは、逆になくてよい障害をまさに無きものにする十把一絡げでもあるということである。その十把一絡げは、このジャンヌの場合なら、自分以外の者つまり戦乱の世に意気消沈する人々をまさにそうした民として十把一絡げにし、かつまたその民を〈立ち上がる民〉として十把一絡げにする圧縮である。

　そうして目の前の開けるハナ、つまり閉塞を打ち砕き障害を無みするハナなる存在は、ときに神以下にして人以上の中間者ともなるだろう（注二）。ハレの日というある特別な状況でしか出会えないこの〈稀なもの〉は、したがって褻（ケ）の平生では、まさにその中間者という性格のゆえに、四方を見回す眼差しはおろか見上げる眼差しや見下げる眼差しにも入ってはこない。すなわちそれは知的に計算しても探せず、意志して志しても見当たらず、信心しても出会えない。

　ならば少し目先を変え、このようなものとの出会いを、たとえばあの『ハックルベリー・フィンの大冒険』という本との文字通りの出会いの中で出会われる〈稀なもの〉との出会いとしてみてはどうだろう。特別な状況でしか訪れないこの〈稀なもの〉はそれにもかかわらず公然と訪れる。ハレの日（＝特別な状況）に晴れて（＝公然と）やって来るわけである。偶然でありながら必然でもある、あるいは必要とされたからこそ訪れながら主体の随意の外にある、それは何者であろうか。

おとぎ話の主人公が多くの場合一人で困窮したときに決まって異界の魔物と出会うように、この種の出会いの必然は主体のあずかり知らぬ主体自身の必然ともいえるだろう。ちなみに、子供のころに訪れるこの〈稀なもの〉との出会いのように、私たちに起こる真の出会いも、差し迫った困窮における必然的な必要によってしか、つまりは機が熟したときにしか起こらないといってもよいのかもしれない。繰り返そう。困窮が必然的にもたらす必要として、私たちは何者と出会うのか。

*

「困窮」**Not** が「困窮とならないこと」**Notlosigkeit** を「転ずる」**wenden** ところに、「存在の問い」の「必然性」「必須性」「必要性」**Notwendigkeit** は生じる、とハイデガーは語っている。「存在の問い」とは、「存在する」とはそもそも何のことであるか、あるいは真に「存在する」といえるものはなにか、という問いである。いわく、「存在なしでもやっていける」ときに「存在の問い」は生じない。「真に存在する」といえるものなどなくても困らない人に「存在の問い」は生じないということである。本当に困ったときにしか本当のものとは出会えないといいかえてもよいだろう。そうでない平生を、ハイデガーは「平均的日常性」と呼んでいる。

　ハレに対する褻（ケ）というこの当たり前の日常（＝困窮の無さ）は、かくもそれが当たり前でないこと（＝困窮が真理であること）の裏返しだということはすでに第一章（ペスト惨禍の事例）で述べた。日常の形成とともに覆い隠されたその日常の出自そのものが、当の日常のなかで自身を逆説的に示しているのであった。ならば「本当に困ったとき」には、この出自が日常を破って直接声を上げているということになる。一章では「狂狷」とも評したあの石牟礼道子の「誠実」のように、いまや困窮そのものから発せられるこの声は、遣り過ごしてはならぬものを遣り過ごさぬ自分の声、そして遣り過ごせない自分自身の声でもある。真に在るといいうるものが絶えつつある事実に誰もが慣れ切ってしまった時代、すなわち「困窮が無いという困窮」の時代にあって、なおも困窮しえる自分自身の声である。

ならばいま、真に困窮しえるこの己の出現が、あるいは真に困窮したときの己の出現が、〈稀なもの〉たるハナの出現そのもののことだとは考えられないだろうか。『ハックルベリー・フィンの大冒険』という本との文字通りの出会いの中で出会われる〈稀なもの〉、それは困窮する己自身の必然なる必要によって呼ばれた自分、平生とは違う別の自分だということである。あのおとぎ話の主人公のように、孤独な困窮のなかで必然的に必要とされる「誠実」なる自分自身が、あるときは「ハックルベリー・フィン」で出会われるその自分であり、あるときは「存在の問い」を問わせるその自分なのである。それは「平均的日常性」を破る〈稀な自分〉である。

溺れる者が藁をも掴むなら、真に困る者には目に映る一切が救いのカミとなるだろう。溺れる者は一切を〈救い手〉として「圧縮」するということである。そして真に困るとき、自分の中に〈稀な自分〉が現れる。あの石牟礼のように、ひいてはオルレアンの乙女のように、ただひとり困窮にあって困窮を遣り過ごさぬとき、その自分自身がすでに〈稀なもの〉つまりハナだということである。そしてそのハナは、その人の出自たる構造的以前に生い立つハナ、いわばその人自身の生地から生い立つハナでもある。こうして〈自分というハナ〉が自分の生地に咲くハナならば、それ以外の〈自分〉はもはやだれでもない〈その他大勢〉となるだろう。このだれでもない平生の自己をハイデガーは「ひと」と呼んでいる。「ひと」から己を取戻し、ハナたる己の生い立つとき、この己をハイデガーなら「本来の自己」と呼ぶだろう。あるいはむしろ「ひと」こそが、ハナをハナならしめる〈引き立て役〉でもあってみれば、もはやそれ「ひと」はハナにとっての〈障害にして機関〉だといってよい。

　いずれにしてもポイントは、ここではハナによって「ひと」が〈引き立て役〉あるいは〈その他大勢〉へと圧縮されていること、およびこの圧縮がもはやみずからの都合で眼前の現実を跨ぎ越す圧縮ではないこと、この二点である。とくにこの「ひと」の圧縮はいわば散り散りになっている己（＝「ひと」）が「本来の自己」へと取り集められることでもある点が重要である。そしてこの圧縮は真に困窮しえる者のそれだった。またこの圧縮は、その十把一絡げという性格のゆえにこそ、ひとには障害となるものを無きものにもするのであった。なくてよい障害をまさに無きものにするのは、真に困ることのできる自分自身つまり溺れることのできる本来の自己だということである。一章で紹介したシモーヌ・ヴェイユの言葉を思い出されたい。「一瞬の絶え間もなく、疲れも知らず、赤子が泣き叫ぶように」、「魂はただ、神へと向けて、生命のパンに飢えている、と泣き叫ぶだけでよい」。ジャンヌや石牟礼を彷彿とさせるかのように、泣き叫ぶ困窮のゆえにこそむしろ障害を無きものにするこの圧縮は、もはやカミュの「誠実（オネトテ）」とは別の〈誠実〉である。いまこれをあらためてオネスティーと呼ぼう。

＊

オネスティーは、眼前の困窮を跨ぎ越さないカミュの「誠実」を、当の困窮をより大きなリアリティーへと吸収・圧縮させる仕方で凌駕する。それは己を「ひと」から取り戻し、散り散りになった己を本来の己へと取り集め、その身に引き受けた困窮をそれ自身の生地というより大きな可能性へと連れ戻す。小さな痛み（＝眼前の困窮）はより大きな痛み（＝眼前の困窮を超え包むリアリティー）の前では消失するように、眼前の困窮を凌駕するこのオネスティーではコトはいまだ —— そして常に —— 完了していない。そのかぎりで眼前の不幸はいまだ不幸かどうか確定していない。障害を無きものにするとは障害の一切を未完了へと投げ返すということである。思い出そう。世阿弥のいうあの「まことの花」も、物事には始まりも終わりもないことを教えつつ、目の前の闇を打ち砕く「面白き」ものだった。

総じて、ここでの圧縮つまりナレはあの「平均的日常性」を成すナレではない。むしろそれは一切をしてなにものにもナラセナイ。停止・凝固・硬直した事象が運動・流動・未完了へと溶かされるということ、つまり困窮がそれ自身の構造的以前へと連れ戻されるということである。もちろんそれはたとえば「万物流転」（ヘラクレイトス）といった客観的摂理のゆえではない。己を己の生地へと取れ戻すオネスティーのゆえである。ここでは、眼前の困窮がより大きなリアリティーへと溶かされること、およびこの困窮を引き受ける己が己の生地へと戻ること、そして平生の分散した己がひとつに集まること、この三者が相即する。目の前の障害をものともしないのは、都合の悪いものはやり過ごす効率的十把一絡げのゆえではなく、自己が自己の本来へと圧縮されるオネスティーの十把一絡げによるのだと考えたい。

「母は、愛児のなかに、その子が将来どうなるかだけではなく、その人生の各々の瞬間に余儀なく選択せねばならない、したがって排除せねばならない、そのようなことがなければその子が将来あり得るだろう、その一切を、見る」（ベルクソン『道徳と宗教の二源泉』）。

＊

おまえはしかじかのものとなれ、と願うのではなく、おまえはおまえであれ、と願うこの母のまなざしは、わが子の一切を見るまなざしでありながら、その何にも特化していない姿を見ているまなざしである。わが子のすべてが与えられていながらその何も与えられていないこのまなざしは、その子のすべてが終わっていながらその何も始まっていないそれである。

わが子の終わりの時点に立ちながら、むしろその始まりそのものの時点に立つこうした親のまなざし、すなわちすべてを圧縮しつつもすべてをあるがままにあらしめるまなざしは、しかしながら赤子の弱さや無力によって引き出されるのではない。それは、命そのもの、新しさそのものとしての赤子の高い命によってすでに引き出されてしまっている。われ知らず真の自分が引き出されるあの出会い、すなわち自分がハナとなるあの出会いも同様である。自身の処女作を終世追い続ける作家のように、人は始まり以前の己の高さを永遠に追い求め続けるのだろうか。

注

一　眼前の机をまさに机ならしめているのは、すなわち「果てしない宇宙」と「果てしない歴史」なる「無限の動」を「不動で固定したなんでもない長方形」に「圧縮」しているのは、ほかでもないその机で現にものを書いている己の「行動能力」である。このような視点からベルクソンは、この「圧縮」の観念を「社会を生み出すエラン・ヴィタール」という側面から論究している。

二　「守（かみ）」と記されることの多いこの中間者の位置はたとえばシャーマンや巫女そしてユタ（沖縄の口寄せをする巫）やノロ（同じく沖縄の神事をつかさどる世襲の女性司祭者）といった存在の位置に近く、ヨーロッパにおける神と人間の中間者としての天使のそれとは本質的に異なっている（上代日本の行政区分次第ではこの「守（かみ）」は「大臣」、「伯」、「卿」、「太夫」、「頭」、「大将」、「督」等々と記される）。ちなみに日本上代の神々はたとえば貧乏神のように家々を訪ね歩く来訪者つまり客（＝まろうど＝まれびと）の形をとる場合が多い（「草葉の陰」や「鬼（オニ＝オン＝陰）」など）。西欧近世哲学における「主観―客観」の「客」object（「～に反対して（ob）投げ（ject）出されたもの」「邪魔」の意）とは異なり、この「まろうど」としての「客」は別の世界からの訪問者、招かれ去りゆく逗留者である。〈主人と客人〉という構造が〈主人と奴隷〉とは異なるように、「まろうど」としての「客」は主観に隷属したり主観を隷属させたりする客観の「客」とは異なる（「主」subject は「下に（sub）投げられた」あるいは「支配下にある」の意）。

七章　沈黙の記述

はじめに

二〇〇五年一一月、福井県大野市郊外の山村で、或る心中事件がありました。奥越といわれる県北東部中山間地域の七板という過疎の村で、二人だけで暮らしていた老夫婦（夫八二歳、妻八〇歳）が、村はずれにある廃墟の斎場の火葬炉で二人並んで白骨死体で見つかったのです。廃炉となった旧式の炉で、焼き終わるまでに十二時間かかるそうです。粗末な建屋の扉には内側から閉められた形跡があり、炉内で発見されたときはほぼ〈完全な姿〉であったといいます。

生前、妻は久しく足が悪く、重度の認知症も手伝って、片時も夫の元から離れませんでした。夫も夫で持病があり、夫婦に子供はありませんでした。今はもう使われていないその廃墟の三昧（＝当地で謂う火葬場のこと）に向かう朝、夫は身辺の整理をし、少なくはない財産（預貯金および不動産）の全てを町に寄付する旨をしたため、妻をいざなって、みずから火をつけたものと思われます。エンジンのかかったままだった車の中からは給油伝票数枚に書かれたメモ書きが見つかっており、それには以下のように記されていたそうです（九日付け福井新聞朝刊による）。

「六日午後四時半、車の中で妻を待たせる。」

「午後八時、妻とともに家を出る。」
「一時間ほど待ち、炭や薪で荼毘の準備をする。妻は一言も言わず待っている。」
「七日午前零時四十五分をもって、点火します。さようなら。」

同紙によるとこのほかに親族らに対する感謝の念も綴られ、自宅で見つかった夫の日記には「妻とともに逝く」と書かれていたそうです。みずから人生の幕を引くかのように、夫は、妻を連れ、自分たちを火葬しました。

この一件は様々な憶測をよび、上記引用の現地新聞を含む多くのメディアでは、「病気苦に心中か」といった見出しのもと、世も末の哀れ一色で報道されました。哀れといえばどこまでも哀れです。が、しかし跡形残さぬこの夫婦の末期に、ことの顚末を知る福井在住の私の知人は、みごとだ、と呟きました。

もちろん、夫婦には別の選択もあったであろうし、なければならないでしょう。しかし「心中」「孤独死」「病気苦」等、用意された類型に固有名を入れるだけの報道に、この知人はもちろん、当地の人たちの多くが、そして私自身も感じる違和感は、いったいどこからやってくるのでしょうか。

一

少し長い引用を二つ挙げさせてください。

（引用Ⅰ）「今では記憶している者が、私の他には一人もあるまい。三十年あまり前、世間のひどく不景気であった年に、西美濃の山の中で炭を焼く五十ばかりの男が、子供を二人まで、まさかりでき り殺したことがあった。女房はとくに死んで、あとには十三になる男の子が一人あった。そこへどうした事情であったか、同じ歳くらいの小娘を貰って来て、山の炭焼き小屋で一緒に育てていた。その子たちの名前はもう私も忘れてしまった。何としても炭は売れず、何度里へ降りても、いつも一合の米も手に入らなかった。最後の日にも空手で戻って来て、飢えきっている小さい者の顔を見るのがつらさに、すっと小屋の奥へ入って昼寝をしてしまった。眼が覚めてみると、小屋の口いっぱいに夕日がさしていた。秋の末のことであったという。二人の子供がその日当たりの処にしゃがんで、しきりに何かしているので、傍へ行ってみたら一生懸命に仕事に使う大きな斧を磨いていた。阿爺（おとう）、これでわしたちを殺してくれといったそうである。そうして入口の材木を枕にして、二人ながら仰向けに寝たそうである。それを見るとくらくらとして、前後の考えもなく二人の首を打ち落としてしまった。それで自分は死ぬことができなくて、やがて捕らえられて牢に入れられた。（中略）私は仔細あってただ一度、この一件書類を読んでみたことがあるが、今

はすでにあの偉大なる人間苦の記録（傍点引用者）も、どこかの長持の底で蝕み朽ちつつあるであろう。」（引用Ⅰ終わり）

（引用Ⅱ）「また同じ頃、美濃とはるかに隔たった九州のある町の因獄に、謀殺罪で十二年の刑に服していた三十あまりの女性が、同じような悲しい運命（傍点引用者）の下に活きていた。ある山奥の村に生まれ、男を持ったが親たちが許さぬので逃げた。子供ができて後に生活が苦しくなり、恥を忍んで郷里に還ってみると、身寄りの者は知らぬうちに死んでいて、笑い嘲る人ばかり多かった。すごすごと再び浮世に出て行こうとしたが、男のほうは病身者で、とても働ける見込みはなかった。大きな滝の上の小路を、親子三人で通るときに、もう死のうじゃないかと、三人の身体を、帯で一つに縛りつけて、高い樹の隙間から、淵を目掛けて飛び込んだ。数時間の後に、女房が自然と正気に復った時には、夫も死ねなかったものとみえて、濡れた衣服で岸に上がって、傍の老樹の枝に首を吊って自らくびれており、赤ん坊は滝壺の上の梢に引っ掛かって死んでいたという話しである。（以下略）」（引用Ⅱ終わり）

この二つの引用は、「天狗の話」「山人外伝資料」から「山人考」へと展開した民俗学者・柳田国男（一八七五－一九六二）の山人研究史において、その集大成とでも言うべき書『山の人生』の第一章冒頭に、この書の序として附されたものです。大正十五年十一月に刊行されたこの「序文」題目は

「山に埋もれたる人生あること」と記されています。柳田は、大学卒業後、農商務省から貴族院書記官長を経て新聞社勤務を経験しています。職務上、様々な事件・事故の記録に関わることが多かったわけです。その彼の書きとめる右の引用において、一方で「偉大なる人間苦」(引用Ⅰ)といわれ、他方で「悲しい運命」(引用Ⅱ)といわれる、「山に埋もれたる人生」に共通に物語られる出来事は、端的に貧困と死です。

柳田は、山人や天狗に象徴される「山の怪異」について、同書『山の人生』をもって一つの転換点を迎えます。すなわち彼は、この書以降、これら「山の怪異」を怪異そのものとして探究する視点を棄て、これを里人の心に映った「山」の姿とする視点を採るようになります。暮らしの外見よりも、人々の内なる精神性のほうへと柳田の関心は移り変わっていったわけです。一般に言われる柳田民俗学の根本性格　—　人間存在の現実そのものが秘める悲哀への共感　—　も、したがって人の内面へと移り変わるこうした関心の変化に伴って、そうした〈共感〉という点では次第に深まっていったものとも思われます。市井の人々のありふれた生活の、言うに言えぬ真実への共感がこうして深まりゆくいわばその出発点に、上記引用の二つの事実の記録「悲しい運命」と「偉大なる人間苦」が、あたかもその前奏のように配されているわけです。

しかしながらこれらの「山に埋もれたる人生」に語られる死の特異性について、柳田はここ『山の人生』本編では一言も言及していません。それどころか同書では彼は死を死として主題にもしていません。むしろ柳田は、「偉大なる人間苦」も「悲しい運命」も、自分の「説こうとする問題とは直接の関係はない」とまで述べています。「山に埋もれたる人生」の、貧困ゆえの心中という〈事件〉を導入としつつも、著作本編では彼はむしろ市井の民俗現象を淡々と記述するだけです。この柳田の、死にまつわる人間存在の悲哀を背景としながらも、死をことさら死としては追究しない無機質な姿勢、あるいは、もっぱら個々の生の事実を記述するだけで、その根底における生一般の根源的意味については沈黙したままの抑制的な態度、いわば〈沈黙の記述〉とも呼び得るこのスタイルもまた、柳田民俗学全体を貫くもう一つの根本性格として広く知られています。『山の人生』の詳論は本章では控えますが、以下、二つの「山に埋もれたる人生」のドキュメントにいま少し立ち入りつつ、冒頭の福井の「心中事件」の報道に鑑みて、この〈沈黙の記述〉についての若干の考察を試みてみたいと思います。

二

さて、当事者本人（子を殺した親）によっていとも簡単に下された――下されざるを得なかった？――（子の）生の突然の途絶と、それにもかかわらず生き残ったこの当事者の、今度は誰が下したのでもない生の存続、もはや死ぬに死ねない「抜け殻のような」生活の執拗なまでの継続、さしあたりこうした点が上記二例のドキュメントに共通する外見的事実です。この事実が教えるのは、不幸な生も幸福な生もおよそ一切がそこへと落着するはずの死において、その死がもとの不幸な生よりなおいっそう不幸な生を招きよせ、したがってこの死がかつての無意味な生よりなおいっそう無意味な生の部分でしかないという、いわば出口のない生の虚無でしょう。二つの事例において如実となっている人生の悲哀 ― 柳田が深い共感を寄せる人間存在の現実の秘める悲哀 ― も、とどのつまりがこの虚無に淵源するといってよいと思います。

しかしながら、あらためてこれら二つの事例の子細に気を配るなら、それぞれの事例における死の様相には若干の質的相違もしくは或る次元的相違のあることが気づかれます。焦点は、前者の事例（引用Ⅰ）における、死の不思議なまでのあっけなさにあります。

後者（引用Ⅱ）の事例における死、すなわち「悲しい運命」と記される、心中にまで至るその不幸な成り行きは、それでもある程度までなら常人の理解の範囲にあります。ここでの死の事件性つまり非日常性はその意味では日常の側から理解可能な非日常性だということです。これに対し、「偉大なる人間苦」とまでいわれる前者（引用Ⅰ）の事例における死には、いわば常人の良識を圧倒し、世人の生活感情にはほとんど理解不能とも思われる一種異様な空気が漂っています。己が首を差し出す子、その首をそのまま打ち落とす親、この死の非日常的性格はもはやⅡの事例における〈日常―非日常〉の枠組みには属さないように見えます。

ここで私は、先に〈不思議なまでのあっけなさ〉と前置きしたように、この事例（引用Ⅰ）における死（殺人？）が、それ自体当然ながら鋭い緊張感や正常・異常ぎりぎりの危うさを強く感じさせる半面で、それでもなおどこか淡々とした空気をも漂わせていることにこだわりたいのです。「おとう、これでわしたちを殺してくれ」という子供の申し出は、幼気《いたいけ》や無知・無垢ゆえの悲惨を通り越し、さらには奇怪さや気味悪さをも凌駕して、ここではなぜかむしろ自然な成り行きとさえ思わせる何かを孕んでいるように思えるからです。「前後の考えもなく子供の首を打ち落としてしまった」父親の行状のあっけなさをも含め、すくなくともここでの柳田の記述はきわめて無機質にして抑制的、つまりはそっけなく、そしてあっけないとはいえないでしょうか。

もっとも、この父親の行状と似た〈あっけなさ〉なら、「もう死のうじゃないか」と滝に消えた親子の、もう一方の事例（引用Ⅱ）における死にもある程度までなら見出せます。しかしこちらの事例では、地域社会や世間に背いた罪悪観や悲愴感がこの親子の周辺に全体として張りつめており、そのゆえか、地域社会にいまだ執着することからくる一種の湿り気が話の裏面に強く張り付いているようにも感じます。対して引用Ⅰではこの種の湿り気は希薄であり、社会や世間への申し訳なさといった敗走感も皆無です。近隣との繋がりも親類縁者との結びつきも没した孤立無縁な山の生活にあるのは、ただ、喰えぬから死ぬという、湿り気どころかむしろその意味では乾燥した剥き出しの生存の実相といってよいでしょう。それは人倫や道徳以前のある種の自然といってもよい一種の掟でさえあるかのようです。繰り返しますが、すくなくとも柳田は、そっけなく、そしてあっけなく、あえてそう描いているように見えるのです。

ここ「偉大なる人間苦の記録」に語り出されている引用Ⅰでの死が、したがって初めからそうした悲愴感や敗走感などとは別の何かを示しているのだとしたら、かの瞬間のかの当事者たち（＝首を差し出した子と、その首を打ち落とした父）にとって、死は土台身構えるべき何ほどのものでもなかったという、その意味での〈死のあっけなさ〉こそが、まずはその〈何か〉への指標として読み取られるべきではないでしょうか。大切なのは、この〈死のあっけなさ〉には我々の知らない別の日常が——引用IIでの〈日常—非日常〉における日常ではない別の日常が——顔をのぞかせている可能性がある、という点にあります。

三

二つの事例において如実となっている人生の悲哀もともにひとつの虚無すなわち出口なき生の虚無に淵源する、とさきに述べました。しかしながらこれらの事例における死の様相の違いにここであらためて着眼するなら、この虚無を本質とする人生の無意味にも、いまやそれぞれの事例では根本的な相違があるように思われます。すなわち、「悲しい運命」と語られる引用IIでの出来事が、諸々の生存に意味を与えるだろう最後の頼みの綱である死の意味を、それにもかかわらず平然と無みする、そのような〈生の無意味〉を語っているとするならば、引用Iでの「偉大なる人間苦」に垣間見える右の日常——我々の知らない別の日常——は、この〈生の無意味〉をさらに没意味にする日常です。

すなわち、引用IIにおける〈生の無意味〉がいまだ生それ自身に意味を見出そうとする意識あっての無意味、その点では反意味としての無意味であるのに対して、引用Ⅰでの〈生の無意味の没意味〉はもはや生に意味を問おうとするこの意識そのものの外部にとどまる生の実相です。この生の没意味は、反意味の有する意味性――意味に反するという仕方でいまだ意味に依存している意味性――そのものを消滅させる没意味だということです。さきに述べた地域社会への執着から来る湿り気の有り無しという、二つの事例における死の様相の質的な相違も、こうした反意味と没意味との次元的な相違が両者の生き様にそのまま映り出ているものとも考えることができます。

言い換えるなら、この没意味たる日常は、喰えぬから死ぬ、というほとんど動植物のそれと違わぬ生の基底相にして、同時に、意味がある、意味がない、という思考方式自体が無効化する生の超越相でもあります。この没意味からするならば、「上記二例に共通する」とはじめに述べたひとつの虚無、すなわち一種の永劫回帰における出口なき生の虚無にも、これら二つの引用間における無意味性のポテンツの差（＝反意味と没意味との次元的な差）によって区別されるべき、次元的に異なる二つの虚無がもともと含まれていたと考えるのが筋でしょう。つまり、引用Ⅱでの虚無はいまだ生に意味を見出そうとする思考あっての虚無であるのに対し、引用Ⅰでの虚無はもはやこの種の思考では接近不可能なそれだということです。

この後者の虚無に裏打ちされた、引用Ⅰに顔をのぞかせる日常つまり〈没意味な日常〉を、すでに私は人倫や道徳以前のある種の自然といってもよい一種の掟と呼びました。自然（＝ピュシス）の有する秩序（＝コスモス）から生え出たかのようなこの掟（＝ノモス）に生きる人生は、当の掟の意味や根拠を問わない日常を、それどころかおよそ生にいちいち意味なるものを問わない日常を、あたりまえのように生きる人生でもあるのでしょう。冒頭二例の「山に埋もれたる人生」の、とくにこの引用Ⅰでの非日常の異様さには、かえってこうした没意味な日常が黙したまま後ろから顔をのぞかせているように思えてなりません。あるいは、ここでの死のあっけなさ自体が、淡々とした山の暮らしのこの日常そのものの一部でしかないといってもよいでしょうか。この没意味な日常は、とき満ちれば大地に還り、いつとも知れずまた芽吹く草木のように、いわば己を振り返ることなく永劫回帰する一種の自然現象にさえ匹敵するかのようです。

　物言わぬ大地に生きる、物言わぬこの日常は、生きとし生けるもの一切に通底する生の基底相に根ざす暗黙の掟なのだと私は述べました。この掟に命ぜられたかのように過酷な山の自然を淡々と生きることと、しかしそれでも人間らしい里の暮らしを営まんとすることとのいわば度し難い相克が、柳田をしてこの引用Ⅰの事例を「偉大なる人間苦」とまで言わしめたのでしょうか。いずれにせよ物言わぬこの生の基底相は、われとわが身を振り返って生の意味や死の意味を問い求める　―　ひいては学的に根拠づける　―　思惟の前からは姿を消すでしょう。山に暮らし山に死ぬ、いまはなき剥き出しの「山の人生」への接近には、およそ人生に意味を問わねば気の済まぬ思考は無力です。ましてや〈生とは何か〉〈死とは何か〉と問わねば気の済まぬ近現代の反省的思惟ではあまりに騒がしいともいえるでしょう。生の基底から生え出たかのようなこの沈黙の日常を、当の日常に沿って、あるいはその内側からこの日常にふさわしい仕方で思考するには、根拠づけ・意味づけし・反省する思惟はまずは沈黙しなければならないということです。このような思惟にとって生の基底相は生の超越相となる所以です。

はたして、これら生の基底相と超越相という両相を同時に秘める「山の人生」の特異な実相を、しかしそれでも描き出そうとするならば、すなわち記述という仕方で、強いていうならこの実相を外側からも描写しようとするならば、さしあたりはその実相の意味を問わず根拠づけもしない姿勢、そのいみで死の意味も生の意味も軽々には問わない記述をもってするしかないでしょう。この場合大切なのは、この記述が、そうしてあくまでも事の外側から抑制的・無機質的になされつつも、同時に事の内側からも共感的になされている記述でもなければならないという点にあります。冒頭でも述べたように、ここでの柳田の記述がなにより人の世の悲哀への共感のうえに成り立っているものでもあるからです。共感的になされる記述とは、人生に意味を問わねば気の済まぬ思考とは別の、事にあたって記さぬわけにはいかぬという御し難い衝動からなされる記述です。

かくして、基底的にして超越的でもある原的生にふさわしい記述方式、あるいはこれら基底相と超越相の両相を持つ、人生の意味を問わない人生自体がおのずと要求する（つまりこの人生への共感からなされる）記述方式、そのような特殊なスタイルがここに見え隠れしているように思われます。ここでこれをあらためて〈沈黙の記述〉と呼んでよいならば、いわれているのは、沈黙には沈黙で応えるしかないこと、いやむしろ沈黙の日常がかえって事の外にも内にも立つ〈沈黙の記述〉を共感的に呼び起こすこと、まずはこのことに尽きるでしょう。総じて、引用Iでの死の特徴　―　死のあっ

けなさ　—　と、この事例に語られる「山の人生」が当の人生の意味を問わない人生でもあるという、表裏一体の特徴が、この事例それ自体の描かれるべきスタイルをおのずと要求している、と暫定的ながら結論しておきたいと思います。そしてまさにこの要求に、柳田は、主著『山の人生』全体を通じて〈沈黙の記述〉というスタイルで応えているのだと考えようと思います。

すなわち、①記述対象が記述スタイルを限定すること、②この限定を引用IとIIで予告的に実践すること、③この実践を著作全体において拡大実践すること、④この拡大実践によって今度は記述スタイルが記述対象を限定すること、この四点が『山の人生』全体の根幹をなすということです。あるいはこの〈沈黙の記述〉という柳田民俗学の独自スタイルが、山に暮し山に死ぬ物言わぬ日常を、生に意味を求めぬ「山の人生」として創造し、、、、ている、、、、と一括してもよいでしょう。「山に埋もれたる人生あること」は、だからこそ「序文」題目に置かれたのではないでしょうか。

四

ならばここで、あの福井・大野の夫婦も、この「山に埋もれたる人生」と似たある種の〈掟〉に服したのだと考えてみるのは、無謀でしょうか。さながらそうまでいわずとも、跡形残さず己を火葬する行為の意味は、これを問わずには居られぬ反省的思惟の前からは姿を消すでしょう。かの知人の「みごとだ」との呟きに語りだされているように、〈なぜ?〉の問いをどこまでも退けるかのような夫婦の死には、性急に意味づけし根拠づける反省的思惟からは逃げ去る何かがやはり潜んでいるように思えます。翻っていうならば、〈なぜ?〉の問いがいわばこの死の原因を後方に探し求めているのに対し、「みごとだ」との知人の言葉は夫婦の行為(の意味)をむしろ前方へと押し進めているかのようだということです。「みごとだ」はたんなる評価や感想ではないということです。

ちなみに、この夫婦の「心中」も、かりにそれが〈自然の掟〉に従った末の「心中」であったとしても、ならばそれもやはり一種の自然死なのではなかったかと、あえてこの「心中」を説明してみてもやはり無駄でしょう。当の「心中」の核心はどこまでもこの種の試みでは追いつけないということです。それでもこの「心中」を描くなら、詮索好きな好奇心とは無縁な記述、つまり事の核心の内側からこれを記述する〈沈黙の記述〉を、いまやこの「心中」そのものが要求しているとしなければならないでしょう。その場合の〈沈黙の記述〉は、報道ではないのはもちろん、さりとて説明や解明ではない記述、すなわち根拠づけも意味づけもせずに事の外側から抑制的になされつつ、事に当たって記さぬわけにいかぬという仕方で事の内側からも共感的になされる記述です。それは核心に迫る記述ではなく、核心に触れる記述でもなく、核心の内側からなされる記述です。

もっとも私自身、夫婦には別の選択もあったであろうし、なければならない、と冒頭でも述べたように、夫婦はその行為に行き着くまでおそらくは幾度も己が人生を振り返ったにちがいありません。その点では子の首を打ち落としたあの親とて同じでしょう。そしてそこでこそ福祉や医療についての吟味・検討が尽くされねばならないこともいうまでもありません。しかし「みごとだ」と、普段は無口な右の同郷人（＝私の知人）をして言わしめたこの出来事に向き合うとき、ともにこの奥越の山深い大地に暮らす者たち（＝かの夫婦とこの知人）の、振り返ることなき同種の命のある種の必然・必定が、いわば一番大事なところでものを言っているように思えてならないのです。とき満ちれば大地に還りいつとも知れずまた芽吹くあの命にも似た、振り返ることなき自然な命の静謐に応えるには、振り返ることなき自然な沈黙をもってするしかない、と。

そうであってみれば、夫婦の行為（の意味）を前方へと押し進めている、とすでに述べた通り、奥越でのかの出来事に面して出された「みごとだ」との知人の呟きは、あたかも当の出来事へと継ぎ足されるかのように、むしろみずからこの出来事そのものの一部となって、いわばこの出来事を上書きする仕方でこれを前へと押し進めているとはいえないでしょうか。出来事をみずから担うかのように、その点では出来事の内にも外にも立つかのようなこの〈みごとだ〉は、やはり単なる評価や感想ではないということです。むしろそれは出来事のいわば拡張 ― 説明ではなく拡張 ― です。同様に、事の外側からなされる以上に内側からもなされるべき〈沈黙の記述〉は、そのかぎりで己が記述している当の出来事の、外的説明ではなく内的拡張なのだと考えることはできないでしょうか。

すくなくともいまあの私の違和感 ― 心中、孤独死、病気苦等、用意された類型に固有名を入れるだけの報道に、当地の人たちだけでなく私自身も感じる違和感 ― は、説明し・解明し・意味づけし・根拠づける思惟を生むいわば〈静謐と沈黙の不在〉から来ている、ということだけは確かでしょう。民俗学（Volkskunde）がかりにKunde（告げ知らせ）という手法をもってする学ならば、その告げ知らせは、柳田民俗学にあっては、まずは報道（Nachricht）や情報（Information）には手の届かぬものの告げ知らせです。それは説明でも解明でも根拠づけでもない〈沈黙の記述〉という形を借りた告げ知らせです。

五

掟としての死すなわち自然としての死や必然としての死を心中という死に重ねることは様々な意味で危険でしょう。ただかりに死も生の部分なら、ことさらに生を気にかけない単純な生活者にあっては死もことさらに気にかけられはしないでしょう。生きることに覚悟は必要ないように（覚悟するにはすでに生きている）、死ぬことにも覚悟は必要ないわけです。自然は「みずからが咲かせた花の本数を台帳に記帳したりしない」（ジャンケレビッチ）ように、生の意味（したがって死の意味）という観念は、己を振り返らない単純な生の単純な進行の只中ではもともと空虚な観念でしかないのかもしれません。

　こうした単純さに立つならば、ひと一人の命が失われんとする極限状況で、なおも淡々と繰り広げられる不思議なまでのあの「山の人生」のあっけなさも、己を振り返ることなき命の基底相と超越相とをまずは告げ知らせて（bekunden）いるといえるでしょう。そうして顔をのぞかせる命の基底相と超越相の何であるのかは、根拠づけし意味づける反省的思惟には与えられません。それには別の思惟と特殊な記述つまり沈黙の記述による告げ知らせをもってするしかないからです。しかるに反省的思惟によって、現代医学がどこまでも死を生から切り離すなら、そして法律が殺人は殺人としか思考しないのなら、私は、あの「偉大なる人間苦の記録」を、人の生き死にに関する別の思惟が存在することを教えているものとして際立たせたいと思います。言い換えるなら、素朴な生活者のかくも危うくも逞しい剥き出しの生存の次元を理解するには、現代の都市生活者の情緒ではあまりに歩幅が狭すぎるということです。そしてその都市生活者の静謐なき情報空間における沈黙なき死生観は、現代にあってはもはや度し難い袋小路に入り込んでいるようにも思えます。いまや『山の人生』全体を貫く沈黙の記述はこれらのことをも告げ知らせているとはいえないでしょうか。

周知のように、もともと柳田は古代史偏重の歴史学に対して近代史の重要なことを、それも名もなきものたちの名もなき歴史の一等重要なことを、郷土史研究における現在性、実際性の重視という仕方で終始一貫して強調していました。そしてまさにこの現在性や実際性の重視のゆえにこそ、彼の関心は同時代の名もなき人々の赤裸々な生の現実へと移り変わっていったのでもありました。柳田民俗学にあっては、民俗・民族に関する歴史的起源や根源への問題意識と、同時代の名もなき人々の赤裸々な生の現実への関心とは、文字通り切っても切れぬものだったということです。そしてこの関心は、名のあるものたちのいわば大文字の歴史が一人歩きすることへの抵抗と相俟って、名もなきものたちの民俗固有の土着性がだれにでも接近できる平均的な共通領域へと没してしまうこと、なによりこのことへの抵抗として現れました。そしてそうした抵抗から生み出されたのが柳田独自の記述スタイルすなわち〈沈黙の記述〉なのでした。それはもはや言葉による共有という、およそ記述することそのものの有する一般的な理由や目的を超え、あえていうなら共有の拒否という背理を内包しています。

くわえて、もとより口承によるところの多い「山の人生」の特徴を、より公共性の高い記述という形で固定するかぎり、ここにひとつの避けがたい問題が生じてくることも明らかです。この記述がいかに沈黙の記述であったとしても、そもそもそれがやはり記述であるというまさにその一点で、もはや当初の口承という個々の生きた語りからくるそのとき限りの生々しさは鳴りをひそめざるをえないからです。民俗学は、すでにその学としての成立時点で、公共化しえぬものの公共化という或る原理的な矛盾を抱え込んでいたわけです。

それだけではありません。語られるものを通して己を告げ知らせるだけの、したがって〈語られぬもの〉つまり生の基底相は、そうであってみればこそ出発点における語りつまり口承の時点で、実はもうすでにある種の隠蔽の危険に晒されています。この語られぬ生の基底相は、本来語られる次元におけるいかなる定立作用もすり抜け、すり抜ける仕方でこの作用を支え際立たせる隠れた次元（つまり生の超越相）にあるからです。聞き手に — 語り手はもちろんそれ以上に聞き手に — その存亡の託されるこの隠れた次元は、当の語り手の語りによっても原理的に汲み尽くすことのできないものだという意味でも生の基底相にして超越相だということです。またそのかぎりでこの隠れた次元は語りの成立する場所、すなわち語ることそのものを可能にする場所ともいえるでしょう。沈

黙の記述　―　死を死としては追究しない、報道でも説明でも解明でもない告げ知らせ　―　の真の目的、柳田自身気づかなかったかもしれぬその目的は、これら〈語られるもの〉と〈語られぬもの〉との無自覚的混同への、すなわち前者による後者の圧殺への、語られることなき警鐘でもあったのかもしれません。

おわりに

本書「間奏」の末尾で触れた三陸大津波の話をいまいちど取り上げさせてください。いまかりにこの話を沈黙の記述として読めるなら、ここに語られることなくただ告げ知らされているだけの、その〈語られぬもの〉を、私は、一年も経てば逝った者は逝った先で思いを遂げている、という声なき声として聞き取りたいと思います。「間奏」でも述べた通り、「にこりと笑った」女の笑顔も、「顔色を変えて泣いた」女の涙も、ともに一年も経てば生者も生者で己に戻れ、もうこれ以上逝った者を追ってはならぬ、と告げ知らせているかのようです。

使用したテクスト
『柳田國男全集』四、ちくま文庫、一九八九年

七章補　間尺に合わない知

「現在地―2キロ―駐車場―徒歩20分―湯栄館」。宮城県北西部、栗駒山系中腹にある名湯「温湯（ぬるゆ）温泉」からさらに奥、花山渓谷上流に位置する秘湯「湯の倉温泉・湯栄館」（通称「ランプの宿」）に向かう分岐点にこの標識がある（注一）。道幅は車一台分、右には切り立った岩肌、左は足下に一迫（いちはさま）川の渓流を従える砂利道である。その道はしかしやがて「がけ崩れ。この先危険。通行禁止。」の古びた看板に塞がれる。標識の「2キロ」は実際は五キロほどあり、「徒歩20分」は実際は四〇分以上かかる。

そこに暮らすものにとって「2キロ」は二キロ、「20分」は二〇分である。しかしよそ者（ここでは車を運転する私）、つまり車の距離計をたのみとする者にとっては、土着の固有感覚はそこに住む人にしか通用しないもの、だから不正確で間違ったものとしか映らない。二キロを過ぎてもなおまだ辿り着かぬとき、彼は不安に駆られてそこから先の歩みを躊躇する。距離計の数字に代表される普遍的で正確な情報あるいは一般的・公共的な知は、人を効率的に導く知でありながら、しかしときにある地点以上は人を歩めなくさせる知ともなる。最も汎用的な仕方で、最も多くの者を、最も無駄なく、最も迅速・平等に導きながら、しかし肝心なものを、肝心なときに、肝心な人から遠ざける。知ると歩めなくなるこの知を、さしあたりここでは、目的地の近くまで導きながらそれ以上の歩みを不可能にする知という意味で、間尺に合わない知と呼ぼう。

ならば間尺に合う知とは、むしろ最後の一歩を可能にする知ということになるだろう。平均的人物に合わせて裁断された既製の知ではなく、事柄にぴったり沿って裁断された知といってもよい。「現在地—2キロ—駐車場—徒歩20分—湯栄館」の看板は、間尺に合わぬ数字で表記されながら、間尺に合う知をもって読まれることを前提に書かれたかのようでもある。

もっとも、目的地そのものではないにしろ、その近くにまで効率的に導くこともそれはそれで大切である。正確な数字が公共圏にとって必須であることは、土地の制約つまり土着の固有感覚を離れた一般的・公共的な知の成立こそがまずは学知の必須要件でもあることと同断である。実際、田舎も田舎で、普遍的で正確な数字による公共領域なくしてはそもそも自治体として成り立たない。しかしながら、大小様々な共同体でのその数字にさえやはりそうした学知的次元には還元し得ない要素が潜み得ることを、この看板の数字は教えているのではなかろうか。ハイデガーのいう「配慮」—理論的な対象ではなく、道具として使用されるものへの「配慮」—という概念を用いるなら、土地の人々にとっての看板の数字は「配慮」されたそれ、つまり生きられた数字であろう。ポイントは、〈配慮された五キロ〉から〈距離計で計測された五キロ〉が派生したのであって、逆ではない、ということにある。

*

田舎の閑静な風景が豊かな力を秘めるのは、いわゆる手つかずの自然がそのまま豊かに残されているからなのではない。それはこの風景が長い時間をかけて人の手によって生み出されてきたものだからである。かの「2キロ」や「20分」がよそから来た者のそれとは違う「2キロ」「20分」であるのも、そのよそ者（つまり私）の生きる時間がいわば田舎の〈長い時間〉に比べて〈短い時間〉だからであろう。「実際は五キロ、実際は四〇分」は、したがって都市生活者の気ぜわしさすなわち刹那的時間感覚の表白でもある。都市部における土着性の喪失は時間のサイズの縮小と連動しているわけである。

土着の時間を凌駕し土着の空間を飛び超えた公共性　―　車の距離計に代表される一般的、効率的、平均的、最普遍的な公共的情報すなわち誰もがアクセスできる誰のものでもない情報　―　にひとが支配されるとき、この情報は、まさしくその高度な普遍性のゆえに間尺に合わない知、すなわち誰のものでもない知の盲信へとひとを差し向ける。月にまで、いやおそらくは宇宙の果てにまで人類を連れて行きながら、すぐ目の前の目的地である宿への道を閉ざすのがこの知であった。原発事故訴訟や公害病認定訴訟等における政府・企業と地元民との間、現代の医療制度における病院・医師と患者・家族の間、教育現場における一般的制度と現場教育者・子供の間等々、それぞれの現場で先鋭化するすれ違いの一因にもこうした〈間尺に合わなさ〉が潜んでいる。眼先の知や重箱の隅を穿る知ではないがしかしグローバルな知でもない、また暗黙知のように匿名的な知ではないがしかし誰にでもわかる明示的な知でもない、いわばほどよいサイズでほどよく見え隠れするのが間尺に合う知であろう。この知を覆い隠し、覆い隠す仕方で人を歩めなくさせる知すなわち間尺に合わない知は、まずは土着的にして常識的な日常の生活感覚の射程と力能とを跨ぎ越す。

＊

中世神秘思想家のエックハルトは言う。神とは、意志そのもの、知そのもの、存在そのものである、と。さらには、眼は眼を見ないように、つまり見る働きそのものはもはや見ることができないように、意志そのものは意志されず、知そのものは知られず、存在そのものは存在するものでは無い、つまりは無である、と。何も知ろうと欲しないのが神ならば（知る必要がないから）、神を知ろうと欲するものはそれだけ神から遠くなる。神に近づきたいならば、意志そのものの根底としての没意志へと、知そのものの場所としての非知へと、ひとは己の意志や知を突き破らねばならない。この突き破りつまり「突破」Ausbruch は、したがって人が神へと向かおうと欲することによっては為しえない。エックハルトはこれを、むしろ神のほうが人へと向けて己を無にして離れ脱すること Abgeschiedenheit（離脱）、と規定した（注二）。

これに似た非知や没意志つまりは〈己の無さ〉を、しかしながらもうすでにそれぞれの水準で、そうとは知らずにいわば地で行っている――知ではなく地で行っている――人たちがいる。エックハルトのいう「マリアとマルタ」の寓話は有名である。信仰を知で行くマリアに対し、信仰を地で行くマルタに軍配があがる。余計なことを欲せず余計な知を必要としないマルタは、土地の素朴さと自然な生活感覚で生きている〈普通の人〉である。彼女は、神についての間尺に合った知に住んでいるのであり、神について間尺に合わない知を持つのではなかった。

しかしながらその普通の人々の〈普通〉の意味も時とともに変遷する。住み慣れた土地に対する感覚（土地鑑）と、その土地によって時間をかけて育まれた身体性とを土台にした知つまり間尺に合う知が、当の身体性（歴史的身体性）自身の変遷とともに間尺に合わない知へと次第に踏み越えられてゆくのである。この踏み越えは、地球的世界を生きるための共通感覚（コモン・センス）の側から、あのハイデガー的な「配慮」的次元における常識（コモン・センス）の中身が規定し直され、前者が次第に高次の主導権を持ち始めることと軌を一にする。月にまで行かずとも、日々の生活からしてすでにこの肥大した身体性に与っているということである。ポイントは、その肥大した身体性が、肥大していながらその実質的な時間・空間的サイズはむしろ縮小している点にある。それは情緒のサイズの縮小でもある。

　こうして身の丈が肥大し情緒が委縮すること、すなわち間尺に合わない知が間尺に合う知を席巻することは、それとともに未来への打ち消し難い不安が生み出されることでもある。道路標識の数字的情報を知ったがゆえに歩みを止める冒頭の旅人のように、こうした不安に苦しむとは、さらにその苦しみから逃れられぬことに苦しむことでもあるだろう。時、場所、場合の制約を離れた知に依存する人は、時を経てはじめて実現されるはずの己の人生を、時を経ずして描ききってしまうことから逃れられなくなるわけである。

　宇宙にまで突き抜ける人類の行動能力は、その高度な計算力のゆえに、明日の自分どころかその都度の己の行動をさえ案じさせる源ともなる。それだけではない。間尺に合わない知によって、眼前に眺められた無限大の時間からいまが顧みられ、眼前に眺められた無限大の空間からここが省みられるとき、いまここに存在する己そのものが本当は存在し難いものだったと、すなわち〈有り難い〉ものだったと逆算されることにもなるだろう。驚異と感謝に満ちた世界の理解は、場合によれば、間尺に合わない知からみた、その知自身の裏面となるのである。計算は必然的に〈計算外〉を伴い、一面化した科学は容易に〈神秘主義〉に転化する所以である。逆に言うなら、間尺に合わない知(や委縮した情緒)をたのみにしない生には、右の〈逆算〉に基づく驚異や感謝は入り込む余地がない。

*

「ランプの宿」に戻ろう。

山での暮らしは毎日が同じことの繰り返しである。淡々と進行するその暮らしでは少しばかりの創意や工夫など無に等しい。聳然として揺るぎ無い山の人生はいわば機械のごとく進行するのである。電気もガスも水道もないその暮らしの中で、人はゆっくりと流れる山の時間を日々の仕事で埋め尽くす。自然の気まぐれに淡々と備え、考えても仕方のない余計なことにはひっかからない山の人生は、自然の流れに歩調や歩幅を合わせる人生でもあるだろう。他方、ここでの生活は、昨日と違う木々の色づき、風向きの変化、川の流れの変化など、よそから来たものにはまるでわからぬわずかな周囲の変化にもむしろ一つ一つしっかりひっかかって来たからこそ成り立っている。山の生活を支えるこのいわば死活のひっかかりは、山や川のリズムに歩調を合わせるがゆえの、すなわち生活のサイズがそのまま山川草木の時間・空間のサイズに見合ったものであるがゆえのひっかかりといってよい。ぐうたらではやっていけぬこの人生は、同じことの繰り返しにみえながら創意工夫の連続である。

そうした暮らしの中からいわば生え出たようなあの看板「現在地―2キロ―駐車場―徒歩20分―湯栄館」の、「2キロ」や「20分」という表記に凝縮された意味、すなわち人と自然との一種の地続き感を基底に育まれた土着的意味そのものは、しかしながらこの土着性を背負わぬ者（つまり私）の時間・空間感覚のカウンターパーツとして現れた。土着性の意味は、土着性の希薄な者の世界つまり産業世界での時間・空間感覚を介して現れたということである。ならば産業世界でのひっかかりとは何であろう。

それは新しいことへのひっかかりであろう。新しさを求めていち早く目下の新しさ（つまり古さ）を去るためのひっかかりである。新しいことが何より尊重されるこの世界では、新しさを求めて帰去来する人々の時間サイクルはどんどん短くなる。自己理解を支える時間のサイズが急速に収縮・縮退して行くこの世界では、他者理解も同様に収縮・縮退するだろう。ひっかかるものが〈新しさ〉なのだから、ひっかかればひっかかるほどその歩みは勢いを増す道理である。

注目すべきは、そのような周囲世界の移り変わりのめまぐるしさに逆対応するかのように、この世界を生きる人々の生はかえって己をなにものにも特化させない生へと変貌することにある。目まぐるしい新製品の登場に人はむしろ買う時期を先送りするように、己をなにものにも特化させない生とは特化する時期がどこまでも先送りされる生、いわば己の存在そのものをその場で旋廻させる生である。外に新しさを求めるこの生は、そうであるがゆえにむしろ己自身を一切の変化の外に置く生となるのである。あの世阿弥の〈遅さ〉が時間の肯定であったのに対し、その場で旋回するこの生の遅さは時間の否定である。速さを旨とするデジタル技術や、死を忌避する医療技術に象徴されるように、己の外に新しさを追い求める自分の存在それ自身が、むしろ己の身に起こる真の新しさ（すなわち成長そして死）をおのずと排除・否定するのである。時間の否定によって自分の変化を自分で排除し、ひいては自分の存在を自分で抹消する、いわゆるルサンチマンの構造がここに潜んでいる。

*

ヒトの手はサルのそれに比して枝を摑むには不向きである。サルの手は枝をつかむ事に特化しており、特化したぶんサルの手はその用途を限られる。対してヒトの手は特定の用途への特化を免れており、それだけ多用途へと開かれている。いわゆる万能細胞のように、何にも特化していないヒトの手が何にでも対応できる万能性を秘めるわけである。

外界の変化がめまぐるしいとき人は己自身の変化の速度を緩める（あるいは止める）、と右に述べた。サルに起こった変化（特化）がこの意味でのヒトには起こらないとは、そのぶんヒトは環境の側を激変させているということでもある。ヒトにおける不変化（あるいは変化の差し控え）とヒトの生きる環境の激変は表裏一体だということである。そしてヒトに比してサルはより己の可能性を使い果たしている。より己の可能性を使い果たしているとはより先まで行っているということでもあろう。可能性を可能性のまま留め置くために己自身は変化しないでいるヒトに比べ、サルはむしろより先へ、と進んでいる。

めまぐるしい環境の変化を前にヒトは己を己自身へと引き取り、引き取る仕方で一切の特化を免れた万能化を目指す。激変する外の環境はこの内なる万能化傾向の反転映像なのだった。そしてその傾向は生をその場で足踏みさせ、この足踏み状態における時間・空間のサイズはそのまま間尺に合わない知のサイズとなって現れている。はたして、間尺に合わない知は、ルサンチマンを隠蔽し、しかし万能性を腹蔵する、二つの顔を持つヤヌスなのだろうか。

注

一　二〇〇八年六月一四日、宮城県北部山岳地域栗駒山系を震源とする「宮城県内陸地震」により、栗原市耕英地区および周辺地域では、温泉施設をはじめイチゴ栽培農家や岩魚養殖業者等の地場産業も甚大な被害を被った。ここに紹介するランプの宿「湯の倉温泉・湯栄館」も、すぐ脇を流れる一迫川の氾濫　―　がけ崩れによって川が堰き止められてできた湖（堰き止め湖）　―　によって水没（その後廃業）した。

二　Meister Eckhart, *Die deutschen Werke*, Bd. 5, S. 400-433.

終章　長い時　あとがきにかえて

一

「大地の作物は人の悲しみを待ってくれない。」

北海道十勝平野の或る長芋農家のかたの言葉です。このかたの娘婿が三十歳で急逝したのです。堆肥で土壌を原点から作り変える将来の農業を語り合った義子でした。実の息子以上であったこの後継者を突然失った義父は、行き場の無い悲しみのなか、なおもわが娘の悲しみを、つまりかけがえのない伴侶を亡くした妻の深い悲しみを思いやります。生きる気力を失くしてゆくこの一家にとって、しかし喪に服している暇はありません。人の悲しみをよそに、長芋は順調に育ち、いまかいまかと収穫を待っているからです。〈大地の時間〉と〈人の時間〉。自然は待ってはくれません。

しかしながら農業が大規模機械化の道を歩むいま、待たないのは自然の側つまり大地の時間ではなく、むしろ人の時間あるいは産業の時間のほうなのではないでしょうか。待たないどころか、人の時間によって自然は追い立てられるように生むことを強いられ、産業の時間によってありとあらゆるところで絶えず成果を急がされています。機械化、産業化、総じて技術は、大地の時間から離れること、すなわち土から離れること、そして待たないことを、人にも自然にも例外なく要求しているかのようです。技術は人間から空間的制約と時間的制約とを取り除くといってもよいでしょう。

しかるに「大地の作物は人の悲しみを待ってくれない」。すなわち〈大地の時間〉は〈人の時間〉を待たない。愛する者を失ったいま、世界が崩れ去ってしまったかのような喪失のとき、大地も作物ももろともに色褪せその意味や価値を失いかけるそのときに、それにもかかわらず、いやそうであるがゆえにこそ〈大地の時間〉は、「待ってくれない大地」として、止まりかけている〈人の時間〉に何かを促してくるということです。収穫しないと食えないから――それに尽きるのではないとしたら、「人の悲しみを待ってくれない」と、義父をして語らしめるこの大地の存在に、私たちは何を聴き取るべきでしょうか。かけがえのない人を亡くした耐え難き現実を前にして、大地の作物は人の悲しみを待ってくれないと語るこの人間の事実から、なおも聴き取られるべき真実とは何でしょうか。

二

大地が待ってくれない大地となる。待ってくれないと言い得るには、すでにそれに追いつこうとしているのでなければなりません。追いつこうとしているとは、心はもう大地の側にあるということでしょう。救いがたい悲しみにあってなお、その悲しみは、大地の時間へと己を整え始めているその新たなる心（＝大地の側にある心）のほうから眼差されたそれとなっているということです。ならばその悲しみはすでに大地の時間においてあるとはいえないでしょうか。人の歩みを止め、人の時間を止めるかに見える悲しみは、それが〈（大地は）人の悲しみを待ってくれない〉として呟かれるとき、すでに大地の時間においてあります。

悲しみがあまりに深いとき、心はすぐには追いつけません。裏を返すなら、悲しみ始めるときすでに心には準備が出来ているということです。時間の止まってしまった己、いわば己自身に置いて行かれそうになっている己が、悲しみ始めることを機に、己自身へと追いつくことを始めるのです。あるいは、大地の作物のゆっくりとしたしかし確実な生長が、時間の止まってしまった己（置いて行かれる側の己）をして再び動かし始めている、といってもよいでしょう。そこでは、大地からの促しに応えるかのように、かつまたその大地の動きへと追いつこうとするかのように、己は己自身へと追いついていきます。

ならばこのとき悲しみはもはや彼の人生を滞らせてはいません。それ〈悲しみ〉は、むしろ彼の人生を前方へと押し出し、背後から、あるいは足下から彼をして歩ませています。より正確には、この〈悲しみ〉が、義父の口を衝いて出た悲しみつまり呟かれ語られる悲しみを通して滲《にじ》み出ている、つまりそれとしては語られぬ仕方でいわばそこに示されているということです。大地という存在は悲しみのおいてある場所である、と右に述べました。その悲しみはあくまでも義父によって呟かれる悲しみです。すなわちそれとして〈語られる悲しみ〉です。しかしこの〈語られる悲しみ〉に滲み出る悲しみ、つまりそれとしては語られることなきこの〈示される悲しみ〉は、人をして歩ませる大地と同様に、〈語られる悲しみ〉のおいてある場所だといってよいでしょう。またそれは件《くだん》の家族の労働の日々そのもののおいてある場所でもあるでしょう。打ちひしがれる人間をそれでも野に放つこの悲しみはもはや喪失の感情ではありません。それは人をしてその人自身へと連れ戻し、そこからやり直させる出発の情緒です。

家族は、大地に促され、重い手足を引き摺るように、日々の収穫の重労働へと向かいます。厳しく気を抜けない作業のなか、父は、極寒の大地に触れるたび、ともにその大地を語り合った義子《むすこ》を想うでしょう。そうして亡き者を偲《しの》ばせる、まさにそのものの只中でしか彼ら家族の日々の糧は得られません。喜びをもたらすはずの収穫作業はそのまま悲しみをもたらす作業であり、悲しんでいる暇などない過酷な労働は悲しみをいや増しに増す労働です。これが通常の意味での悲しみです。冒頭ではこう述べました、この悲しみに行き場はない、と。

普通ならそうなるはずの悲しみが、しかしながら「大地の作物は人の悲しみを待ってくれない」として語られるとき、この語りそのものを支える場所としての悲しみ、つまり語られる悲しみに示される悲しみは、文字通り一つの場を開いています。亡き息子との約束の大地にして、もとよりそこに暮らしてきた十勝の大地を、〈待ってくれない大地〉と語らしめる、この示される悲しみは、もはや語られず、生きられています。家族が悲しみという感情を持っているのではなく、彼らはその悲しみを生きているのです。大地に暮し大地に生きるように、彼らのなかに悲しみがあるのではなくむしろ悲しみのなかに彼らは住んでいる。あのマルセルの言葉を借りるなら、悲しみが、自分の「所有」ではなく、自身の「存在」となったということです。それは大地そのものが彼らの存在となったことを意味します。

今は亡きかの人と生きた大地の時間、これが「待ってくれない」と呟かれるとき、こう呟く者自身は、じつに待つこと（＝急がぬこと）へと、つまり人の〈短い時〉を超える大地の〈長い時〉へと立ち返り、そこから己をもう一度やり直すことへと向き直っています。己を大地へとぶつけるかのように、己を超えた己の必然を己から塞《ふさ》がずにいる、これがその〈長い時〉への突破となるでしょう。悲しみが、喪失の感情ではなく、出発の情緒となるには、この〈長い時〉を生き直すしかありません。自分も亡き人もともにそこに生きてきた、その約束の大地へと己を解き放ち、そこから己を生き直すということです。

三

もっとも、〈短い時〉の中で慌しく過ぎてゆく日常も、それはそれでやはり悲しんでいる暇などないと強いてくるのではないでしょうか。技術の時間や産業の時間に象徴されるように、現代社会を貫き支配するこの〈短い時〉に置いてゆかれまいと、そこでもたしかに人には悲しんでいる暇などありません。技術や産業の時間も或る意味では人をして歩ませるリアリティーを持っているということです。ただしそのリアリティーは、止まってしまった時間を封印し、喪失をむしろ喪失として固定するリアリティーです。

止まっていた自分の時間が再び動き始めるには、喪失を固定しそのまま闇へと沈めるこの〈短い時〉を、すなわち己を置き去りにし先を急がせる産業的時間を去るしかありません。〈長い時〉に促され、これに歩調を合わせるように、あるいはこれへと接木《つぎき》されてゆくかのように、人はもう一度ヨチヨチ歩きから始めねばならないということです。このとき、悲しむとはもはや立ち止まって悲嘆にくれることではありませんでした。過去を振り返って追憶に耽《ふけ》ることではなおさらありませんでした。

しかしそれはまた亡き者の遺志を遺言のごとく引き受けることでもないでしょう。それ〈悲しむこと〉は、亡き者とともに生きたあの大地から己を生き直すことだったからです。そしてその生き直しは、かの大地が「待ってくれない大地」として語り直されることでもありました。肝要なのは、この語り直しが、農夫としての己の何であったかへと立ち帰ることとしてなされていることにあります。すなわち、十勝の大地に農業という技術・産業のかたちで関わってきた己の生が、技術や産業の姿をまとったまま、いわば上書きされて蘇るのです。長い時を生きる自己への立ち返りは、農業という技術を捨てることではなく、短くなりゆく農業技術の時間が大地の長い時間から辿り直されることでもあるのです。

四

「大地の作物は人の悲しみを待ってくれない」。こう「悲しみ」を語る彼自身の悲しみ、すなわち〈示される悲しみ〉は、いまや大地からの贈与が人間的喪失を上回って余りあることも示しています。

〈示される悲しみ〉は、止まっていた彼の時間を動かし、時節違わず開花する大地の時間へと彼の時間を追いつかせます。ならば〈示される悲しみ〉は、大地の側から流れ込むいわば〈大地の情緒〉といってもよいでしょう。人の悲しみが「悲」ならば、大地のそれは「大悲」です。それは生きとし生けるものすべての共感の礎、したがって人の悲しみをものともしない情緒です。人の悲しみをものともしないのは、それ〈大地の情緒〉が人の悲しみを丸ごと呑み込む〈仏の情緒〉でもあるからです。仏の情緒であるとは、人が悲しんでいるとき、むしろ大地が悲しんでいるということです。大地が悲しんでいるとは、大地が待ってくれない大地となるということです。悲しみなどないかのように人を歩ませる存在となるということです。真の悲しみは人の時間を止めるものではありません。それは人をして歩ませる出発の情緒です。堆肥で土壌を原点から作り変えるという彼らの意志は、いまやこの出発の情緒のなかで、再びヨチヨチ歩きから始めています。

　はたして、深い喪失は真の獲得と同義となる、それが悲しみの真実なのだとしてみましょう。かけがえのない人を亡くした耐え難き現実を前にして、大地の作物は人の悲しみを待ってくれないと語る人間の事実から、なおも聴き取られるべき真実、それがこれです。喪失を感じない情緒、これが、人をして「大地の作物は人の悲しみを待ってくれない」と言わしめる、かの〈示される・場所としての・悲しみ〉の正体なのではなかったでしょうか。喪失を嘆く感情にではなく、喪失を感じない情緒にこそ、むしろ亡き者は生きている。そこでは〈待つこと〉よりも〈待たないこと〉が重要でした。喪失が獲得となるには、人の側での待つことよりも、大地の側での待たないことが大切なのでした。真に待つ人は、己が待つ、とは語りません。彼は己を待ってくれないもののことを語ったからです。待つとは歩むことなのでした。

著者略歴

戸島　貴代志（としま・きよし）

1958年香川県生まれ。京都大学大学院文学研究科博士課程単位取得大学。博士（文学）。

現在、東北大学大学院文学研究科教授。専門：哲学。

主な著作：単著『創造と想起　－可能的ベルクソニズム－』（理想社、2007年）、共著『現代フランス哲学に学ぶ』（放送大学教育振興会、2017年）、共著『技術者倫理入門』（オーム社、2003年）、共訳『ハイデガーと実践哲学』（オットー・ペゲラー／A・ゲートマン＝ジーフェルト編、法政大学出版局、2001年）、共訳『現象学の最前線』（クラウス・ヘルト著、晃洋書房、1994年）ほか。

装幀：松井健太郎＋桑原大輝（BLMU）

ほんとうのことば

Breathing True

2021年3月31日　初版第1刷発行

著　者／戸島貴代志

発行者／関内　　隆

発行所／東北大学出版会

〒980-8577　仙台市青葉区片平2-1-1

Tel. 022-214-2777　Fax. 022-214-2778

https://www.tups.jp　E.mail info@tups.jp

印　刷／カガワ印刷株式会社

〒980-0821　仙台市青葉区春日町1-11

Tel. 022-262-5551

ISBN978-4-86163-355-3　C3010

定価はカバーに表示してあります。

乱丁、落丁はおとりかえします。